# 孔子纪行

[韩] 宋薏暻 著
金海鹰 王为玲 译

Master Confucius

"仰圣人之容色,
瞻古人之衣冠,
信所谓温而厉,
威而不猛,恭而安。"

中国文联出版社

## 图书在版编目（CIP）数据

孔子纪行 /（韩）宋慧暻著；金海鹰，王为玲译
. —北京：中国文联出版社，2022.9
ISBN 978-7-5190-4876-1

Ⅰ.①孔… Ⅱ.①宋…②金…③王… Ⅲ.①孔丘（前551-前479）—思想评论 Ⅳ.① B222.25

中国版本图书馆 CIP 数据核字 (2022) 第 092284 号

版权登记号：01-2022-1821

## 孔子纪行

| 著　　者： | （韩）宋慧暻 |
| --- | --- |
| 责任编辑： | 张超琪　许可爽 |
| 责任校对： | 仲济云　唐玉兵 |
| 图书装帧： | 书心瞬意 |
| 排版设计： | 高　洁 |
| 出版发行： | 中国文联出版社有限公司 |
| 社　　址： | 北京市朝阳区农展馆南里 10 号　邮编：100125 |
| 网　　址： | http://www.clapnet.cn |
| 电　　话： | 010-85923091（总编室）　010-85923058（编辑部） |
| | 010-85923025（发行部） |
| 经　　销： | 全国新华书店等 |
| 印　　刷： | 三河市宏达印刷有限公司 |
| 开　　本： | 880 毫米 ×1230 毫米　　1/32 |
| 印　　张： | 8.375 |
| 字　　数： | 133 千字 |
| 版　　次： | 2022 年 9 月第 1 版 |
| | 2022 年 9 月第 1 次印刷 |
| 书　　号： | ISBN 978-7-5190-4876-1 |
| 定　　价： | 68.00 元 |

版权所有　侵权必究
如有印装质量问题，请与本社发行部联系调换

# 译者序

金海鹰、王为玲

说实话,翻译本书之前我确实心存疑问。在想,韩国人对孔子的了解能有多少?我们需要读韩国人写的孔子吗?但当我打开这本《孔子纪行》时,便被里面一幅幅精美的故事人物图和风趣而别具一格的讲解吸引住了。读完后依然觉得意犹未尽。

本书从崭新的视角入手,以解说图画的方式娓娓叙述孔子的一生和对东亚国家的影响及儒学之形成和发展。读者将会在本书中遇见不一样的孔子,也相信会获得新的知识点。

本书作者宋意暎是韩国高丽大学设计造型学系特邀教授。研究领域为韩国古画,著有《朝鲜后期的夜会图》《漫步韩国名画》《你知道这幅画的缘由吗?》《通过韩国画看大韩民国历史》《士大夫社交风流之场，夜会图》等。作者长期致力于韩国等东亚各国的绘画研究。在考察朝鲜时代故事人物画的过程中，她发现这些作品重点呈现的是重视学脉与道统的人物的事迹，其中的核心人物为孔子。而故事人物画所表现出来的道统体系极大地引起了作者的关注，历经多项调查和研究取证，历时三年多得以问世。

　　本书分为六章。开头借不同时期的图画分别就孔子的生平、孔子的相貌与服饰、孔子教育思想的宗教化进行了介绍。孔子自出生就具有异于常人的独特长相，雕刻和绘画作品中最为常见的孔子是身着布衣、头戴章甫冠的学者形象，另外还有以帝王形象和头戴司寇冠示人的形象。以孔子教育思想为根基形成的儒学，逐步实现了由概念到规范，由学问到宗教的转化。在此过程中出现的儒家美术作品着重强调的是孔子的内在之美，展示的是孔子所追求的仁与礼及孔子一生的生活轨迹。

　　接着作者介绍了孔子景仰和推崇的尧舜二帝、周公及老子。孔子将中国传说中的圣君尧舜视为理想化的领导者，认为尧舜二帝注重自身道德修养，推行的是君子仁政。孔子尊敬周公，视他为德才兼备的完美政治家。孔子认为老子恪守本分，遵循自己确立的道德标准，恪尽职守的同时又体察周边民情，具备圣贤之士所拥有的内在之美。上述

孔子所敬重的诸位人物成为中韩两国故事人物画中的主人公，该类型的故事人物画具备劝诫君王、教化百姓的作用。

本书还重点讲述了孔子与其弟子之间的事迹，包括孔子喜爱的弟子、孔子的讲学地点——杏坛，以及曾点鼓瑟和浴沂的故事。孔子门下弟子三千，其中精通六艺的弟子有72人。72名弟子中孔子最信任颜回（前521—前481），孔子和颜回之间笃厚的师生关系，经常被制作成视觉化作品。另外曾参和子路也是孔子喜爱的弟子，时常出现在表现孔子事迹的故事图中。杏坛是孔子集合众弟子施教讲学之地，与其说是某一个具体的地点，不如认为是一种抽象的空间象征。孔子的杏坛讲学图在中韩两国皆有创作和流传。另外，"曾点浴沂"和"曾点鼓瑟"的故事也经常出现在孔子讲学的故事画之中，用绘画的手法演绎孔子讲学的场景。

作者通过"孔子圣迹图与故事图"主要介绍了孔子圣迹图和故事图的制作与传播，并就韩国国内流传至今的孔子圣迹图和讲述中庸之美的"孔子观欹器"展开了详细的分析。古往今来，拥有内在美的人总是会成为人们尊敬和仰慕的对象。他们的人生与事迹成为塑造视觉形象画的经典素材，被刻画成为故事人物画，被人们长久铭记，给众人带来无尽的感动与教诲。孔子形象的正式树立始于汉朝，孔子圣迹图的正式制作则是始于明朝。目前韩国国内流传的圣迹图中最具代表性的是金振汝版《圣迹图》和东垣版《孔夫子圣迹图》。圣迹图成为广泛宣扬孔子事迹与教诲的重要教材。除了圣迹图，孔子事迹还被制作成独立的画题。其中最为著名的例子当数传授中庸之道的"孔子观欹器"。欹器和欹器图作为中庸之道的象征物，成为告诫君主以正君统的座右铭。

此外，作者围绕孔子称谓及孔子庙的发展、道统的确立及视觉化、宋朝学者的融合及郑敾的故事图册、朱子图这四个方面展开了论述。在中国，各个朝代对孔子的称谓有所不同。唐玄宗年间所确定的"文宣王"谥号成为孔子最基本的称谓，这个称谓不仅意味着统治者将孔子与君主一视同仁，而且还体现出以孔子之道为根基、实施强力统治的政治意图。伴随着孔子地位的变化，祭祀空间及内部摆放的图画等物件也随之改变。祭孔仪式一般是在孔子庙中举行。高丽时代孔子被称作"至圣文宣王"或"大成至圣文宣王"，这是唐玄宗时期所确定的孔子尊称。

据史料记载，韩国从新罗时期开始出现了孔子庙。现在韩国国内最具代表性的孔子庙是位于首尔明伦洞的成均馆孔子庙。此孔子庙兼具培养儒学人才的讲学功能和供

奉圣贤的祭祀功能。"道统"一词是由宋朝新儒学集大成者——朱子首先提出，是指儒学之道传承下来所形成的体系。所谓图说，是指对道统体系进行图解的形式。相较之图说和故事人物画，肖像形式的圣贤图在传达儒学体系方面表现得更为直接。

朝鲜时期的尹斗绪与韩国开化期的蔡龙臣都创作有道统圣贤图。朝鲜后期绘制孔子和宋朝六贤故事图数量最多的当数郑敾（1676—1759），在他的作品中圣贤多以寄居于自然之中、乐享道学的处士姿态示人。元朝时期朱子学被确定为国学之后，朱子崇拜逐步走上正轨。随着祠堂和书院的修建，朱子肖像开始被大量制作。朝鲜文人视朱子学问为精神支柱，因此也一直致力于朱子画像的创作。朝鲜的绘画作品中朱子多为儒学传承者或倡导儒教统治理念政治家的形象。

书中不仅仔细阐述了孔子对韩国历代的影响和其在韩国的传播，而且也用一定的篇幅介绍了儒学在日本的树立、圣堂的设立，以及孔子圣贤像和释奠图的制作等内容。日本的儒学经由百济传播而来。10世纪左右释奠大典从唐朝传入日本，平安时代后期逐步走向衰退，然后又于江户时代重新焕发生机。德川幕府重新修建了孔子庙，正式举行释奠大典。孔子庙内部陈设的孔子及圣贤画像全权委托御用画师集团——狩野派来创作完成。狩野派画家参照当时引入日本的多幅画报，创作完成了孔子与圣贤的画像，但是其中的部分画像却出现了一些失误之处。江户时代不仅创作有孔子与圣贤的画像和雕刻作品，而且还开始涌现记录释奠大典的释奠图。释奠图是详细记录释奠仪式、位置、祭祀空间场景的图画。

早在古朝鲜时代，孔子的儒家思想就已经传入朝鲜半岛。1392年建立的朝鲜王朝推行"崇儒抑佛"政策，将儒家思想立为国教（儒教），大力宣扬儒家思想，自此儒家思想在朝鲜半岛得以扎根发展。孔子成为韩国家喻户晓的圣贤，韩国人尊奉他为"万世之表"，每年举行祭祀孔子的"释奠大祭"。中国是儒教的发源地，孔子是儒教的创始人。在奔腾不息的历史长河中，孔子的形象事迹和他创立的儒教传统跨越了时间、空间、语言、文化的界限，传播到了韩国、日本，并逐步扩散至全世界。

宋熹暻教授立足自身的专业优势，结合中韩和日本的历史，按照先叙述历史，再分析画作的总体思路，就画作中所呈现出来的人类情感、思想和事件一一展开了详细的论述。针对相同主题的不同美术作品，作者从专业角度出发，从作品的样式、构图、形象、场景、线条、笔墨等多个角度进行了详尽的比对和解读。在翻译的过程中，作者

所掌握的有关中韩古代历史的博大精深的知识底蕴也令我深深折服。本人认为该书在中国的翻译出版具有深刻的价值和意义。不仅可以让国人站在东亚视角、以美术史为切入点更加深入细致地了解孔子一生的事迹，而且对于如何保留和传承中华传统文化，如何摸索更为有效的中华优秀文化输出模式也具有很大的启发意义。

# 序　言

### 展现内在美的人物画

追求美是人类拥有的一种本能。尽管美并不是直接关乎生死的重要问题，但是人类无时无刻不在渴望美并希冀通过努力来实现它。正因为人的一生自始至终都充满对美的渴望，因此人们试图通过自己的双眼来审视美并传递美，这个意愿折射出人类历史的变迁和美感的变化。

那么美是什么？人世间是否存在绝对之美？衡量美的标准是一成不变的吗？无论是谁都会拥有美吗？诸如此类关于美的定义、标准、范畴、对象的问题虽然一直被提及，却很难得到答案。因为即便追求美是人类的本性，定义"美"（beauty）的尺度却随着时代、地域、人种的不同而各有差异。因此美的判断标准看似无比主观化，但在某

个集团范围内会以通用的客观规范来定义或评价。这就是美之所以能够形成社会文化权利的主要原因所在。

比如，我们所说的"美丽的人"，可以用外在美和内在美这两种不同的标准来进行评价。外在美和内在美分别通过长相和装扮，以及性格、态度、表情等呈现。特别是内在美，就像是经过漫长时间自然成熟的食物一样，是从那份与生俱来的、热爱自己人生与世界的真性情中油然而生的一种美。朴实无华且与众不同的智慧与感动是内在美的根源。因此不同于时刻都在发生改变的外在美，内在美与时间无关，它的判断标准和存在价值在某种程度上更为坚定和稳固。

古往今来，拥有内在美的人总是会成为人们尊敬和仰慕的对象。他们的人生与事迹被人们长久铭记，给众人带来无尽的感动与教诲。他们那才华横溢的逸闻趣事成为指导和教诲世人的指南，并被选择作为塑造视觉形象画的经典素材。这类画作被称为故事人物画。故事人物画描绘拥有内在美的人物故事，即以故事为素材来呈现人类感情、思想、事件等叙述性场景。

故事人物画的素材大致分为两类。一类是历史人物的业绩。德高望重、受人尊敬的圣贤或功在当代的名人志士的生活面貌属于这类范畴。另一类主要是文学作品或经典著作、经书中出现的主人公。将人物独具特色的行为加工刻画成为一个个故事，这些故事就成为故事人物画的素材。

故事人物画最大的特点是将蕴含内在美的人物故事以叙述的手法进行图解。美术史学家海约翰（John Hay）教授将叙述分为道德叙述（moral narrative）、文学叙述（literary narrative）和风俗/体裁叙述（genre narrative）。他还补充说，这三类叙述分别将训诫的目的、诗意象征、日常生活中的琐事以视觉的形式加以记录。也就是说，道德叙述、文学叙述、风俗/体裁叙述的侧重点各不相同，分别致力于教化目的、表现性形象、事件日常性的视觉化体现。

这种以绘画手法展现上述各种叙述类型的故事人物画在中国、韩国、日本等东亚各国层出不穷。特别是在标榜建立儒教理想国度的朝鲜，为了树立全新的政治与社会秩序、制定人人遵行的行为规范，大力推崇以榜样人物为主人公所创作的人物故事画。令人尊敬的圣贤是王室和文人士大夫的理想型楷模，同时也是他们坚定信奉的道统和理学的另一种表征。这就是故事人物画之所以能够超越其他任何一种画作，占据朝鲜"中心位置"，成为"主流绘画"的原因所在。朝鲜时代的儒生仰慕儒家高士，从其生活态度、思维方式中感受到神奇的心灵净化，从而寻得人生万

事的解决之道。朝鲜的儒生们亲身融入画中，将画中主人公视为启迪人生智慧和启发学术学问的恩师和圣贤。因此，故事人物画这种绘画体裁，不仅展现出东亚文人志士的价值观以及对儒家高士的憧憬之情，同时还体现出他们所积极追求的内在美。

## 至美之人——孔子

中国、韩国和日本的知识分子长久以来所尊敬的圣贤代表人物就是孔子（前551—前479）。他是儒家学派的创始人，终生致力于解决人与人之间的矛盾，是谋求建立人类社会秩序的哲学家。孔子不仅是出生于鲁国的中国人，更是全世界的知识分子都尊崇的东亚至圣之贤。

孔子出身低微，容貌异常，言语行为总是出人意料。孔子的社会地位不高，总是四处流浪，遭人憎恶。即便如此，数千年来世人对孔子非常崇拜。为何会如此呢？本书就从该问题入手。出身非同寻常、人生跌宕起伏、生无安居之所的孔子从某种意义上来说是一位既坚强又脆弱的普通人。他独特的人生逸事令人感动，成为视觉化产物的素材。而且孔子如同其他宗教的超凡之人一样，拥有异于常人的体貌特征。虽然穿着并不华丽，但每种服饰造型都各不相同，体现出孔子的社会身份。

　　孔子所拥有的美的根源到底是什么？孔子十分钦慕中国传说中的圣君尧、舜和理想化的政治家周公（？—前1032）。因为从他们的人生中能够发现伟大领导家的典型形象。此外，接受孔子教诲的弟子和推崇孔子弟子学问的后世儒学家们又将孔子的这种钦慕继承发扬下去。孔子本人尊敬的人物和追随孔子的人物都具有共同的倾向，即无论何时都恪守本分，遵循自己确立的道德标准，恪尽职守的同时又体察周边民情，努力勇攀高峰。这岂不正是圣贤之士所拥有的内在美？

　　韩语中"美"这个词汇由"怀抱的尺度"和"具有某种特性"两部分构成。如果说"怀抱的尺度"是根据自身标准来衡量的规范，那"具有某种特性"则是指活出自我。归根结底，美的定义正如记录孔子语录的《论语》中所记载的"君君、臣臣、父父、子子"一样，对自己承担的事情尽心尽力，会聚众人，共同构建文明社会就是所谓的美的本质，而塑造内在美的方法是具备不断自我反省的姿态。

# 目 录

## 1 至美之人——孔子及其一生
003 孔子的一生
011 孔子相貌与服饰

## 2 孔子敬慕之士
027 尧舜
045 周公
059 老子

## 3 孔子，与弟子同行的先师

- 069　孔子喜爱的弟子
- 080　杏坛——孔子讲学地
- 091　曾点，鼓瑟徜徉沂河

## 4 孔子圣迹图与故事图

- 109　孔子一生的视觉化呈现及圣迹图的制作
- 115　韩国国内流传的圣迹图
- 123　座右铭——昭示中庸之美的容器

## 5 儒家学者，追随孔子的思想与事迹

- 147　孔子称谓及孔子庙的发展
- 156　道统的确立与视觉化
- 162　尹斗绪与蔡龙臣创作的道统圣贤图
- 177　宋朝学者的融合及郑敾的故事图册
- 199　朱子图——嫡统的人物形象

## 6 东渡日本的儒学

- 217　儒学树立与圣堂设立
- 222　孔子圣贤像与释奠图制作

- 230　附录
- 231　后记
- 237　谢词
- 240　参考文献

# 1

# 至美之人——孔子及其一生

· 孔子的一生
· 孔子相貌与服饰

# 孔子的一生

超凡之人或圣贤的逸事可以说是宗教画或其他视觉作品的最好素材。在佛教领域会制作出表现释迦牟尼的佛传图和本生图，从视觉上传达佛祖的教诲和教义。基督教中会用描绘耶稣一生的图画和装饰品来布置教堂。被称作儒学创始者的孔子也不例外。孔子作为东亚人的万世师表，至今仍然是备受世人尊重的哲学家、政治家、教育家。其缘由归结于他跌宕起伏的一生和别具特色的事迹带给众人的那份感动。

记录孔子一生的典籍丰富多样。"四书"之一的《论语》作为孔子语录集，是一部能够了解孔子一生的优秀作品。西汉伟大历史学家司马迁（约前145—前86）的《史记》中所收录的《孔子世家》也属于早期编纂的孔子传记。两部典籍都是根据孔子及弟子间的问答内容，简洁含蓄地记录了孔子的言行与成就。

我们就以《孔子世家》和《论语》为中心来回顾一下孔子的一生。孔子的祖先本是宋国贵族。特别是孔子的先祖孔父嘉曾是宋国大夫。但之后孔氏家门招致杀身之祸，先祖被杀，家族日渐没落。于是孔父嘉的儿子木金父为保全性命，逃亡至鲁国首都昌平乡陬邑，即现在的山东省曲阜定居，小心翼翼维持生计，艰难度日。孔子就诞生于这样的家庭背景之下。父亲是低等贵族叔梁纥，母亲是巫女颜徵在。叔梁纥虽然没有高爵显位，却是一名体格高大威猛、武力绝伦、英勇无比的武士。据说他的正妻生了九个女儿，小妾为他生了一个儿子，却是一位身患足疾、无法正常行走的残疾儿。

为了孕育健康的儿子继嗣，六十多岁的叔梁纥迎娶不过十几岁的颜徵在为妻。居住在尼丘山的颜氏有三个女儿。听说叔梁纥想迎娶其中一个女儿为妻后，小女儿颜徵在主动站出来答应了这门婚事。孔子的父母没有缔结正式的婚姻关系。司马迁将孔子的诞生称为"野合"，暗示孔子是非礼而生的私生子这一事实。孔子的出生也预示着他跌宕起伏的一生。

公元前551年，孔子于鲁国诞生，名丘，字仲尼。孔子生而七漏，头顶凹陷，故名"丘"，兄弟长幼排序，用表

示第二个儿子的"仲"字，故字"仲尼"。孔子三岁时父亲叔梁纥过世，但孔子始终不知父亲的墓地在何处，因为其母亲从一开始就隐瞒了父亲的存在。孔子十七岁时母亲去世，有位妇人看到孔子在路边设灵堂吊唁，便告知其父的坟墓在防山，孔子这才将母亲合葬于父亲的墓中。

孔子自幼生活困苦，处境艰难。但是他的母亲给予儿子绝不放弃希望的勇气，帮助他在十五岁时立下钻研学问的伟大志向。孔子十九岁成婚，二十岁开始给季氏家门管理仓库和饲养家畜，也曾担任过鲁国的管理职务，但时间都不长。尽管如此，他仍坚持努力学习周朝的官制和礼法，成为一名精通礼数的专家，开始名扬天下。

已过而立之年的孔子经历了一生中最重要的时期。孔子与老子相遇，问礼于老聃。孔子的弟子南宫敬叔恳请鲁国国君让自己陪同孔子出访东周，于是鲁国国君允诺派遣给南宫敬叔和孔子一辆车、两匹马、一个书童，开启他们的东周之行。三十四岁左右的青年孔子之所以想要拜见五十多岁的老子，是因为老子历任周朝藏书室的主管——柱下史，熟知周朝的礼法。孔子认为周朝是最为理想的国度，因此想要通过拜见老子来学习周朝的一切。就这样，孔子拜见老子，留下了这段终生难忘的宝贵经历，拉开了之后在政治、教育领域大展宏图的序幕。

公元前517年鲁国内乱。第二十五代国君鲁昭公（前560—前510）逃亡于齐国，孔子也到了齐国，两年后回国。齐国第二十六代侯爵景公（？—前490）问政于孔子。孔子对曰："君君、臣臣、父父、子子。"之后齐景公又问孔子为政之道。孔子回答说："政在节财。"齐景公听后大喜，意将尼溪之田封赐给孔子做食邑。齐相晏婴（前578—前500）对此表示反对。他认为孔子所主张的礼法制度过于烦琐且晦涩难懂，会扰乱民心。实际上作为保守主义者的孔子树立的是五百年前就已经施行过的礼法。最终齐景公接受宰相晏婴的建议，没有提拔任用孔子。但是孔子对打击自己的晏婴给予了高度评价。因为晏婴在四十多年的时间里先后辅政齐灵公、齐庄公和齐景公三代国君，是继齐桓公之后开启齐国第二盛世的伟大英雄，是敢于进谏直言、坚守节操信义的著名宰相。

重返鲁国的孔子放弃了仕途，开始正式学习诗书礼乐并教授弟子。一直到五十一岁时孔子才首次获得官职。鲁国第二十六代国君鲁定公（前556—前495）任命孔子为中都宰，该官职相当于现在的市长。之后孔子在五十四岁时担任负责土木工程的司空，五十六岁时被任命为大司寇宰相。这是孔子在官场展现其卓越为官之道的主要时期。

孔子以其出色的谋略，与齐景公协商，不费一兵一卒

从齐国手中寻回了鲁国失地。与此同时，为了削弱当时的强权世卿三桓，即打击季孙氏、叔孙氏、孟孙氏家族的嚣张气焰，孔子计划采取堕三都的措施，拆毁三桓的要塞城堡。此外，为了打垮气势凌人、权倾天下的季桓子（？—前492），同时也是出于改革国政的目的，孔子谋划了一系列措施。但这些措施和计划最终因掌管三桓的季桓子的抵抗而被迫中断。

最终，孔子对三桓专横跋扈的鲁国大失所望，卸下官职，与数十名随行弟子一起离开了鲁国。为了找寻能够理解自己政治抱负的贤明君主，孔子开启了一段无限期的征程。事实上孔子周游的列国包括位于如今河南省和山东省的卫、陈、曹、宋、郑、蔡、楚，共七个国家。十几年来，孔子周游列国，度过了一段孤独而又艰辛的岁月。不仅生命受到过威胁，也曾被途中遇到的隐士羞辱和嘲弄。即使是在如此难以忍受的奔波流浪生涯中，孔子依然坚持致力于求学悟道，最终完美构建出自己特有的思想体系，为后世所谓的"儒学"思想奠定了基本框架。居无定所、四处漂泊的游历生涯孕育出孔子深邃的思想和强韧的毅力。

孔子六十八岁时应鲁国大夫季康子（？—前468）之邀重返鲁国，因为当时的实权人物季桓子去世前曾留下将国政交付给孔子的遗言。孔子离开鲁国十年有余，后来继位的季康子重用孔子弟子中颇有为官之才的冉有，而只是向孔子咨询一些问题。最终孔子放弃仕途，全身心致力于书籍的撰写和弟子的培养。被孔子重新整理的教材类书籍主要有《诗经》《书经》《礼记》《乐记》《易经》《春秋》等，即被称为"六经"的儒家基础经典。这些集中国思想、文化、哲学之大成的经典著作，两千多年来不仅在中国，而且在整个东亚都产生了深远的影响，成为广泛使用的儒学经典教材。

孔子一生培养的弟子多达三千余名，特别是精通"六经"的七十名弟子被称为"七十子"。通过师徒间的问答，孔子开诚布公地阐述自己的想法。由此我们可以见证孔子蕴含的内在美。某一天，弟子子张（前503—？）出行前向孔子请教修身的最佳方法。孔子回答道："百行之本，忍之为上。"子张又问："何为忍之？"孔子是这样回答的：

　　天子忍之国无害，诸侯忍之成其大，官吏忍之进其位，兄弟忍之家豪富，夫妇忍之终其世，朋友忍之名不废，自身忍之无祸患。

这是《明心宝鉴·戒性篇》中记载的孔子和子张之间的一段对话。表示忍受的"忍"字因其外形是在心上插刀，

故是个令人惊悚的汉字。刀插入心脏的痛苦和忍受痛苦的过程就是"忍"。尽管如此,孔子却建议一定要忍,甚至强调说"忍"是一切行为的根本。晏婴对自己的打击,三桓的专横导致自己不得不离开鲁国,流离失所,周游列国,季康子重用弟子冉有,对自己却只是咨询一些问题,如此这般的境遇孔子全都淡然接受了。孔子还默默忍受曾经信任的人背叛自己,然后不断地对人性进行反思。没有类似经历的人,怕是很难想象孔子隐忍的这段艰难时光。圣人的境界的确是一般人可望而不可即的。

公元前 479 年,七十三岁的孔子在众多弟子面前因病去世。众弟子将他葬于鲁国北面泗水江边。弟子们服丧守孝三年。子贡(前 520—前 456)独自一人在坟墓旁搭建茅屋,又守墓三年。孔子的学生和鲁国陆续有一百多人把家建到孔子墓所下居住,逐渐形成了被称为"孔里"(孔子村庄)的地方。每到新年,鲁国的儒生都会到孔子墓前祭祀,乡大夫礼贤下士,行乡饮酒,祭拜孔子。孔子去世后,他的弟子把孔子生前的语录汇编成《论语》。司马迁留下了如下的追悼文:

天下君王至于贤人众矣,当时则荣,没则已焉。孔子布衣,传十余世,学者宗之。自天子王侯,中国言六艺者折中于夫子,可谓至圣矣!

就这样,孔子结束了他波澜壮阔的一生。孔子不仅对其弟子,还对后世的儒学家产生了深远的影响。

# 孔子相貌与服饰

孔子的故事历经数千年一直被众人所传颂。儒学学者们所关注的不仅有孔子的逸事典故，还有他那与众不同的相貌。据说孔子自出生开始就具有异于常人的独特长相。有关孔子的相貌，汉朝文献中留有如下记载：

> 孔子长十尺，海口尼首方面，月角日准河目，龙颡斗唇，昌颜均颐，辅喉骈齿，龙形龟脊虎掌，胼肩修肱参膺，圩顶山脐林背，翼臂汪头阜，堤眉地足，谷窍雷声，泽腹修上趋下，末偻后耳，面如蒙共，手垂过膝，耳垂珠庭，眉十二采，目六十四理，立如凤崎，坐如龙蹲，手握天文，足履度宇，望之如林，就之如升腰大十围，胸应矩，舌理七重，

钧文在掌。胸文曰："制作定世符运。"①

　　这里描写的孔子相貌怪异非常，很难认为是普通人的长相。十尺（两米左右）的巨大体格可以推断可能是遗传了其父亲叔梁纥。不仅外貌异乎寻常，孔子还拥有"手握天文，足履度宇"的神奇法力，可谓是全知全能的神一般的存在。孔子这般奇特的相貌直到后世一直被人们议论。尤其是孔子第四十六代孙孔宗翰在孔氏族谱《家谱》(1085)中将孔子的身材特征整理记录为四十九条，即"四十九表说"，成为日后孔子相貌的意象特征。"四十九表说"后来在孔元措（1182—1251）编纂的《孔氏祖庭广记》(1242)和明朝出版的《阙里志》(1505)中被再次记载。宋朝民间曾流传以孔宗翰的"四十九表说"为基础的"七陋说"。"七陋"是"七窍之陋"的缩略语，意为面部七窍呈现为一种丑陋的状态，即鼻露孔、眼露白、唇露齿、头圩顶、耳重肩、手过膝、身材不匀。

　　看到孔子这般独特的外貌，会让人联想起佛教创始人释迦牟尼的"三十二相，八十种好"。所谓"三十二相，八十种好"指的是佛陀异于常人的三十二种相貌、八十种

---

① 转引自朴晟镇，《由纬书看汉代的孔子观——以〈春秋〉著作为中心》，《中国文学研究》39，韩国中文学会，2009，17页。

特征。佛教弟子坚信得道的释迦牟尼具有不同于常人的长相。因为他已达到世间凡夫俗子无法企及的登峰造极的境界。同样，孔子的追随者们也想要从他不平凡的相貌中挖掘其道德和人品。孔宗翰的侄子孔传（？—1134）引用《家谱》编纂《东家杂记》时记录下了《小影赞》这篇文章。该文由11世纪后期研究孔子学的尹复臻所作。文章内容如下：

> 夫子之像，其初孰传？
> 得于其家，几二千年。
> 仰圣人之容色，
> 瞻古人之衣冠，
> 信所谓温而厉，威而不猛，
> 恭而安。
> 若夫其道如神，其德如天，
> 自生民以来未有如夫子，
> 盖无得而名。

尹复臻引用《论语·述而》中的章节来称颂孔子的外貌和人品。仅从字面上来看，孔子容貌似乎有些可怕，尹复臻却反复强调孔子"温而厉，威而不猛"，甚至还补充说孔子的面相看上去"恭而安"。

具有独特相貌的孔子,其衣冠服饰又如何呢?流传至今的雕像、绘画作品中所呈现的孔子身着各种类型的服饰,佩戴的帽子也是各式各样。首先是布衣打扮的日常穿着。这类穿着与官职无关,是作为隐士或学者身份与弟子同行或讲学时的服装。《礼记·儒行》中记载了鲁哀公和孔子就所穿服装所展开的一段对话内容。鲁哀公问于孔子曰:"夫子之服,其儒服与?"孔子对曰:"丘少居鲁,衣逢掖之衣;长居宋,冠章甫之冠。""逢掖"指的是一种侧开的宽袖道袍。"章甫冠"是儒生经常佩戴的一种礼帽,又被称为"缁布冠"。公西华在回答孔子提问时也曾特别提到过"章甫冠"。子曰:"如或知尔,则何以哉?"公西华对曰:"……宗庙之事,如会同,端章甫,愿为小相焉。"

孔子以隐逸居士形象出现的代表作品是《孔子坐像》(图1-1)。据推测这幅作品为阴刻的木刻版画,画中的孔子端坐于幽静的野外。孔子身着深衣,头戴头巾,双手合拢,坐于垫上。脸部和胡须用细线条版刻,而头巾和深衣则是运用了笔尖中锋充满力度的线条。从画中能够看出作者想要表现孔子脸部"尼首""斗唇"等"七陋"特征的痕迹。

孔子视线停留的地方是茂密的树林和林中流淌的弯弯

图 1-1 《孔子坐像》，木刻拓本，108.4cm×66.2cm，韩国国学振兴院

曲曲的瀑布。孔子所端坐的位置周边布满了岩石。岩石间的灵芝、竹子和兰草暗示着孔子超凡脱俗、隐居山林的生活。画作上端书写有"度越前圣 师表百王 纲维斯道 万世弥昌"的字样，显示出备受东亚文人学士尊崇的孔子的威望。

在流传至今的有关孔子的美术作品中，布衣和章甫冠是最经常出现的服饰装扮。我们可以从中得知人们对孔子的认知，即相较于官吏，人们更倾向于认为他是一位学者。

相传《孔子行教像》（图1-2）由石芝蔡龙臣（1850—1941）所绘制，画中孔子的肖像也是身着深衣，头戴头巾。双手合于胸前站立的孔子面宽体健，身穿粉色内衬、黄色蔽膝、蓝带微垂的华丽深衣，足蹬绿色纹路的太史鞋，腰间还悬挂有佩剑。与其说这是一位隐遁之士，不如说更像是一位威严的领导者。画面上的文字除了题目"先师孔子行教像"之外，画面左侧写有"吴道子笔"，右侧抄有代撰：

德侔天地，
道冠古今，
删述六经，
垂宪万世。

图 1-2 蔡龙臣（推定），《孔子行教像》，19世纪，绸缎彩色，89cm×53cm，韩国湖林博物馆

其次是以帝王形象出现的孔子像。帝王形象的孔子头戴冕旒冠，身穿冕服，手执笏板，脚蹬赤舄。这是739年（唐开元二十七年）孔子被追封为文宣王之后画像中开始正式启用的衣冠服饰。冕服和冕旒冠是周朝体系中的天子的统一服饰。关于冕服，东汉明帝将十二章纹（章纹，象征帝王的纹饰）冕服定为皇帝的礼服，这种礼服在历代王朝和周边国家都得以传承。十二章纹指的是日（太阳，三足乌）、月（月亮，白兔或蟾蜍）、星辰（星宿，北斗七星和织女星）、山（群山）、龙（龙形）、华虫（雉）、藻（水草）、火（火焰）、粉米（白米）、宗彝（老虎和猴子）、黼（斧）、黻（两个"弓"相对之形）。而冕旒在所有官帽中最为贵重，其顶端有一块长方形冕板，前圆后方，外黑内红，垂有十二串彩线结成的珠玉绳（旒）。

如果你去中国山东省嘉祥县武梁祠，就会看到最早提出十二章纹的舜帝头戴据推断是冕旒冠的方形冠帽的画像石。相传由唐朝阎立德（596—656）与阎立本（601—673）兄弟绘制流传下来的《历代帝王图卷》（图1-3）中能够看到身穿冕服的帝王形象。而孔子也是自唐朝开始呈现出头戴十二旒冠、身着冕服、坐北朝南的帝王像。

自此中国的帝王为了提升孔子的地位，开始着重突显孔子像的衣装表现。例如，宋真宗（968—1022）曾想要追

图 1-3　阎立本、阎立德（推定），《历代帝王图卷》，7 世纪，"后周武帝宇文邕"，绸缎彩色，51.3cm×531cm，波士顿博物馆（杨新等著，郑亨民译，《中国绘画史三千年》，学古斋，1999，图 53）

封孔子"帝"的最高地位，但出于大臣们的反对，只能在1008年追封孔子"玄圣"的谥号。不过将孔子手中持有的木圭改为玉质，并允许穿戴九章冕服和九旒冠。之后宋徽宗（1082—1135）又将九旒冠提升至十二旒冠，九章冕服替换成十二章冕服，这就意味着将孔子升格为"不在天子之位的素王"[①]。

陈镐（？—1511）编撰、孔胤植（1592—1647）增补的《阙里志》中出现了帝王形象的孔子。从《阙里志》中收录的《大成至圣文宣先师孔子之像》（图1-4）中可以看到，孔子手持绘有三台星和山形的镇圭，头戴十二旒冠，身穿十二章服，展现出一副完美的帝王形象。现今在曲阜孔庙大成殿内所供奉的孔子像也是身穿皇帝

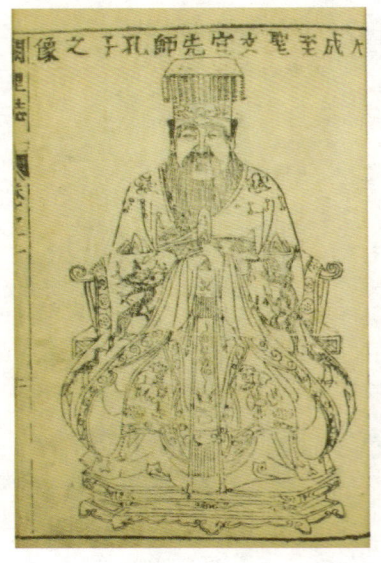

图1-4 陈镐撰，孔胤植等增补，《大成至圣文宣先师孔子之像》，《阙里志》1，1669，木刻本，早稻田大学

---

① 孔子穿戴的冕旒冠和冕服的图像变化参考如下：Julia K. Murray, "'Idols' in the Temple: *Icons and the Cult of Confucius*," *The Journal of Asian Studies*, Vol.68, No.2（May, 2009）, p.378—379。

服饰的伟岸形象。

最后是头戴司寇冠的孔子像。帽檐两边尖端耸起的司寇冠，再现了孔子在鲁国担任相当于如今公检法司最高长官级别的大司寇时的形象。虽然孔子担任该官职仅三个月时间，这顶官帽却已成为孔子官员形象的象征。另外也不乏头戴司寇冠、身穿布衣的孔子像，这表明司寇冠已经被定性为孔子形象的代表。

现收藏于山东省博物馆的《大成孔子为鲁司寇时像》（图1-5）是头戴司寇冠的孔子肖像。该画作上端写有蜀惠王朱申凿（1459—1493）的诗句和"成化乙巳岁至日"的干支，由此可以确定这幅作品是1485年之前制作完成的。仔细观察孔子所佩戴的司寇冠，可以看到中间呈五角形山峰耸立貌，大红头冠绕以金边，中央位置的云彩图案中镶嵌有绿色的宝石。两侧立起的黑色冠帽上横插有草绿簪，旁边束扎的绿绳缓缓垂下，遮挡着面庞。孔子身穿的灰色衣袍上绘有蝙蝠、龙、云彩等纹样。该服饰在孔子肖像中属于较为罕见的华丽服饰，加之孔子的长须、阴沉而严肃的面庞，共同描绘出五十岁中期身为官场中人孔子的地位和形象。[1]

---

[1] Lu Wensheng, Julia K. Murray, *Confucius, His Life and Legacy in Art*（China Institute Gallery, 2010），p.32—35。

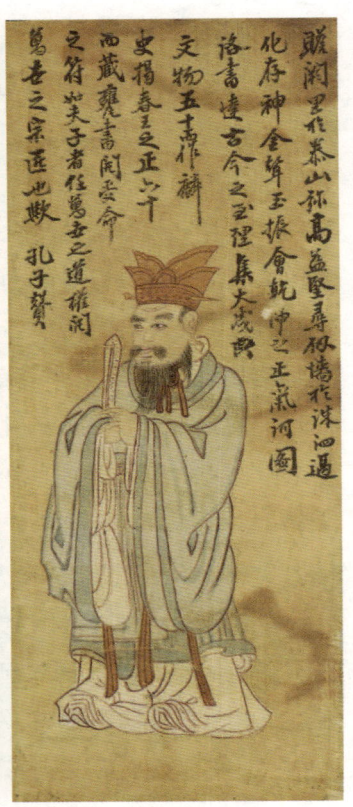

图1-5 作者不详,《大成孔子为鲁司寇时像》,明朝,绸缎彩色,147.7cm×77.3cm,山东省博物馆(Lu Wensheng, Julia K. Murray, *Confucius, His Life and Legacy in Art*, China Institute Gallery, 2010, p.33)

图1-6. 作者不详,《孔子肖像》,绸缎彩色,28.5cm×12cm,东亚大学石堂博物馆

《孔子肖像》(石堂本)(图1-6)中孔子也是头戴司寇冠。画中的孔子为全身立像,头戴司寇冠,身穿官袍,双手并拢,向上举圭,俨然一副官吏形象。红色线条不仅勾勒出面部轮廓,甚至还勾画出衣服的褶皱,传神地表现出孔子骈齿、大眼等面部特征。特别是司寇冠分为两层,呈黄金色,插着如同发簪一般的簪子,看上去十分华丽。肖像上端写有如下文字:

瞻阙里于泰山,
弥高益坚。
寻仞墙于洙泗,
过化存神。
金声玉振,
会乾坤之正气。
河图洛书,
达古今之至理。
集大成,典文物。
五十而作麟史,揭春王之正,
六十而藏瓮书,开受命之符。
如夫子者,任万世之道权,开万世之宗匠

也欤。①

这段文字被推定为是朝鲜文人锦谷宋来熙（1791—1867）所作。因为同孔子立像一同收藏于东亚大学石堂博物馆内的《箕子肖像》反面写有"恩津后宋来熙谨书"的字样。与此类似的孔子像在《鲁城阙里志·圣像》（图1-7）中也有所体现。这幅《圣像》图中所描绘的司寇冠的独特形象与双手持圭的姿态皆与石堂本《孔子肖像》十分相似，并且为《鲁城阙里志》书写后序的人正是宋来熙。这就为两幅作品具有相关性提供了有力证明。②

图1-7 孔敏修编，《圣像》，《鲁城阙里志》，1859，木刻本，31.7cm×20.8cm，韩国国立中央图书馆

---

① 译本与脱草转引自东亚大学石堂博物馆编《记录画、人物画》，东亚大学石堂博物馆，2016，241页。
② 赵仁秀，《东亚大学石堂博物馆收藏的圣贤肖像一览》，《记录画、人物画》，东亚大学石堂博物馆，2016，304—306页。

# 2

## 孔子敬慕之士

- 尧舜
- 周公
- 老子

# 尧 舜

## 理想的君主——尧舜

孔子修习学问,在政治思想总集大成的过程中深受众多先学的影响。孔子所敬仰的理想化君主为三皇五帝中的尧舜二帝。众所周知,三皇五帝一说指的是天皇、地皇、人皇三皇,以及伏羲、神农、黄帝、唐尧、虞舜五帝。三皇五帝皆为神话中的人物,因此其实体和本质模糊不清。但是他们作为代表中国的圣君,一直深受人们的尊敬和仰慕。因为相传他们实现了大国的太平盛世,开创了伟大的文明。

尧是帝喾高辛的儿子,名放勋。因治理唐国,被称为唐尧或帝尧陶唐。据众多史书记载,尧在二十岁登上王位后,施行德政,建立起公正和平的诸侯国。尧在位七十年之际开始物色继承人。大臣们推荐了孝行至诚的舜。舜是颛顼高阳的后世孙，名重华。受尧禅让帝位后被称为虞舜或帝舜有虞。舜原为地位低下的贫穷庶民家庭出身，但尧听说舜孝心至诚，就决定立他为继承人。尧将娥皇和女英两个女儿嫁给了舜，考验他的人性和政治能力。最终于三年之后决定选拔舜为君主来治理天下。

尧舜与夏禹、商汤并称为尧舜禹汤，被世人称颂为中国上古时代最英明的帝王。他们不行使武力，用道德和智慧来治理国家，使百姓完全投入生产中，享受和平的生活。《书经》又称为《尚书》，共五十八篇，其中的第一篇《虞书》第五章记载有帝尧的传说"尧典"和帝舜的传说"舜典"。我们可以从中了解到尧舜的无量功德。下文是《虞书》"尧典"中有关帝尧人品和事迹的记载：

> 帝尧，曰放勋，钦、明、文、思、安安，允恭克让，光被四表，格于上下。克明俊德，以亲九族。九族既睦，平章百姓。百姓昭明，协和万邦。黎民于变时雍。

司马迁的《史记·五帝本纪》中记载有帝舜评传。评传将舜描绘为圣人形象，他不仅对曾经想要害死自己的父

亲竭尽孝道，还大发慈心，善待同父异母的弟弟。父亲瞽叟是个盲人，生母早逝，父亲再娶，继母生下同父异母的弟弟象。父亲偏爱象。一天父亲让舜去挖井，想要把舜埋到井底。舜在挖井时，开凿出一条通往外部的秘密通道，这才逃过一劫。即使父亲和同父异母的弟弟想要加害于他，舜却更加诚恳谨慎地孝顺父亲、友于兄弟。

尧舜之所以能被后人称颂为治理百姓的圣君，践行人伦根本仁礼的"圣人"，完全是出于孔子。虽然孔子对尧舜禹汤都十分尊敬，但是他特别指出尧舜是实现了自己梦想国度的主人公，认为他们二人加强自身道德修养，推行的是君子仁政。下文是《论语·泰伯》中记载的赞扬尧舜的文章：

> 大哉尧之为君也！巍巍乎！唯天为大，唯尧则之。荡荡乎！民无能名焉。巍巍乎其有成功也！焕乎其有文章！

孔子评价说尧舜在践行仁礼的同时，构建了一套完善的政治制度，并实行"德治"。孔子努力以他们为榜样，来纠正自身的行为和想法。《论语·宪问》中收录的孔子与子路（前542—前480）的对话能够充分说明这一点。

子路问君子，子曰："修己以敬。"

曰："如斯而已乎？"

曰："修己以安人。"

曰："如斯而已乎？"

曰："修己以安百姓。修己以安百姓，尧、舜其犹病诸！"

此外，《孔子家语·观周》中记载了孔子在洛邑的周朝建筑物中看到尧舜之容和桀纣之像后，领会出善恶之状、兴废之诫的内容。由此可见，孔子将尧舜尊为实现自我修养和君子德治的伟大君王，将他们视为绝对的榜样。

孔子对尧舜的尊崇由后辈儒学学者加以传承。以此为契机，尧舜被认知成为代表中国的圣君[①]。从各种记录中都能发现孔子对尧舜的尊敬之情，将孔子的外貌比作尧舜禹汤的长相就是其中一个代表性例子。前文提到的尹复臻的《小影赞》中附有唐朝诗人刘禹锡（772—842）所作的《许州新庙碑》（836）。碑文中孔子的容貌被描写成"尧头禹

---

① 张铉根，《圣人的再生与圣王暴君结构的形成》，《政治思想研究》17-2，韩国政治思想学会，2011，110—116页。张铉根在文中指出，"圣"字一般表示"神圣"的含义，到了孔子时代被赋予哲学和政治意义，成为表示伟大人物的称谓。

身，华冠象佩之容，取之自邹鲁"。这里所说的邹鲁是一个合成词，指的是孟子（前372—前289）和孔子的出生地，意为二人学风汇聚之地。刘禹锡在文中指出孔子形象沿袭了尧禹的体魄和华丽的装饰。这一点在孔氏族谱——《家谱》中也得以确认。《家谱》的作者孔宗翰所整理的孔子特有的外貌特征四十九表说与尧舜长相十分相似。①

那么流传最为广泛的、有关尧舜的逸事是什么呢？首先来看帝尧的逸事。《史记·太史公自序》中记录了墨家崇尚尧舜的道德品行，言其德行曰："堂高三尺，土阶三等，茅茨不翦，采椽不刮。"意思是尧成为天子后，拥有了正堂，却没有建造华丽的家宅，依然过着俭朴的生活。另外还有"康衢耕凿"的记载，即帝尧身穿便服行走在繁华行道，遇见歌唱天下太平的孩子们，或者耕田挖井喝水的百姓的故事。这些事迹作为爱戴百姓的佳话口口相传，久远成为圭章阁差备待令画员②的画题。

再来看帝舜的逸事。前文所述《史记·五帝本纪》中记载的孝子故事最为著名。对曾经想要加害于自己的父母仍尽孝道，关爱有加，善待同父异母弟弟的故事带给众人

---

① Julia K. Murray, "Descendants and Portraits of Confucius in the early Southern Song,"《南宋艺术与文化》(*Dynastic Renaissance: Art and Culture of the Southern Song*), 故宫博物院，2010, p.6。
② 圭章阁杂职，负责绘制君王的语言、文字和肖像。

深深的感动。甚至由于帝舜孝顺的美名四处远扬,相传他在历山务农之时,大象跑来替他耕地,鸟儿飞来代他锄草。此外,有关帝舜在南薰殿弹奏五弦琴的逸事也广为流传。相传五弦琴最初由帝舜创制,并创作和吟唱有《南风歌》:

> 南风之薰兮,
> 可以解吾民之愠兮。
> 南风之时兮,
> 可以阜吾民之财兮。

总是以民为先的尧舜二帝,以其与众不同的人生,成为至善至美的杰出典范,被历代后世所传颂。同时尧舜二帝还被采纳成为君主故事图的优秀素材。

## 帝尧、帝舜的故事图

**朝鲜时代君主故事图与尧舜**

古今中外凡是体恤百姓民意、善于治理国家的君主都是人们尊敬的对象。这或许就是一直以来人们会使用肖像画或故事人物画的形式来再现君主形象的原因所在吧。其中前者象征着君主的权力与威严,而后者则是侧重描绘君

主的杰出事迹。张彦远（815—907）在《历代名画记》中指出绘画具有"宣物莫大于言，存形莫善于画"的功能。并且引用曹植（192—232）所记叙的句子来补充说明君主故事图所具备的鉴戒作用：

> 观画者，见三皇五帝，莫不仰戴；见三季暴主，莫不悲惋……是知存乎鉴戒者图画也。

朝鲜王室也制作了大量的故事人物画和肖像画来作为鉴戒教本。太祖（1335—1408）将中国的君主故事图作为观省资料，下令挂于墙壁之上。这是因为尊崇历代王室的故事能够同时表明君主人性品德之孝和统治能力之德。另外，除却明君故事图，朝鲜王室还会鉴赏绘制有邪恶君主行径的故事图。其中最具代表性的就是奉世宗（1397—1450）旨令制作的君主故事图。世宗下令编纂《明皇戒鉴》（1441）。他指出"古人画唐明皇杨妃之事者颇多，然不过以为戏玩之资耳"，命人将开元和天宝年间的成败之迹区分开来进行绘制[1]。因此《明皇戒鉴》被推定为用图画展示明皇，即唐玄宗（李隆基，685—762）在位期间成败业绩的图鉴。后世君主一直将《明皇戒鉴》作为鉴戒教本来使用。

---

[1] 《国朝宝鉴》7，世宗二十三年（1441）。

小小年纪就继承王位的朝鲜成宗（1457—1494）也充分利用君主故事图来鉴戒自身的言行。[①]特别是在他二十岁，即登上王位的第七年（1476）结束摄政，开始亲政之后，更加致力于君主故事图的制作。成宗亲政的第二年绘制了《明君屏》《先明后暗君屏》《贤妃屏》三幅屏风作品，命大臣各自作诗。其中朴孝元等人向君王进贡的《明君屏》中收录了众多文臣书写的诗词，可以从中揣测出图画的内容。益城府院君洪应（1428—1492）与同副承旨洪贵达（1438—1504）分别为《明君屏》的第二个场景《帝尧图》、第三个场景《帝舜图》赋诗如下：

**帝尧图**

"日出而作兮，日入而息兮。耕田而食兮，汲井而饮兮，帝何力于我兮？"

诗曰：

"日日昏花史传亲，

圣中无若帝尧仁。

土阶还有第茨俭，

谤木仍兼谏鼓陈。

---

[①] 成宗的书画爱好和创作，以及大臣们对此的反应，参考李善玉，《成宗的书画爱好》，《朝鲜王室的美术文化》，大圆社，2005，113—151页。《成宗实录》，成宗七年（1476）10月21日。

允协万邦臻至理,
曰吁四岳动咨询。
巍巍荡荡天为大,
遐迩归心无异人。"

### 帝舜图

舜弹五弦之琴,咏《南风》之诗曰:"南风之薰兮,可以解吾民之愠兮。南风之时兮,可以阜吾民之财兮。"

诗曰:
"海内讴歌历数归,
重华千载仰巍巍。
卿云蔼蔼垂天仗,
瑞日辉辉照衮衣。
庶绩凝时端冕俨,
五弦和处惠风微。
南薰一曲舒民愠,
皞皞熙熙遍九围。"[1]

洪应之诗讲述了"尧之王天下也,茅茨不剪,采椽不

---

[1] 《肃宗实录》,肃宗十七年(1691)11月12日。

斫"的故事和信赖大臣的儒将人品。洪贵达引用《礼记》诗句，饱含深情地讲述了帝舜抚五弦琴于南薰殿的逸事。洪应和洪贵达描绘出尧舜二帝的潇洒风貌和爱戴百姓的圣君资质，极力赞美了他们开创的太平盛世。这类故事屏风展现出君王的威严与慈悲，当时作为敬献给神灵的庄严品陈设于王室之中。

肃宗（1661—1720）是朝鲜历代君王中最喜爱书画的一位，同时也将书画的功能发挥到了极致。1691年肃宗命令"今欲取前代善可为法，恶可为戒者各八事，以其类描作二屏，屏各八叠。张之座隅，以资省察，其令玉堂董成之。主文之臣，各以其事制律诗，弁诸屏幅以进"。这是肃宗继承前代君王的传统，将君主需要效仿或警戒的内容刻画于屏风之上，视为省察自身的准则。

肃宗下令要求制作的十六幅屏风中，体现"善可为法"主题的内容中包括"帝尧之任贤图治"和"帝舜之作歌敕命"。对此吏曹参判李玄逸（1627—1704）谏言"恶可为戒"中"夏少康之游畋失位"的故事欠妥，建议换成"帝舜与皋陶赓歌"。"帝舜与皋陶赓歌"是出自《尚书·虞书·益稷》中的故事。帝舜敕天之命作歌，惟时惟几。歌曰：

"股肱喜哉！元首起哉！百工熙哉！"

对此皋陶乃赓载歌曰：

"元首明哉，股肱良哉，
庶事康哉！"

又歌曰：

"元首丛脞哉，
股肱惰哉，万事堕哉！"

  帝舜与皋陶站在各自的立场强调了大臣与君王该做的事情。事实上这的确是贤明而又尖锐的问答。此外在装帖有尧舜肖像的《明君屏》中有一幅体现君臣传统的《历代君臣图像帖》[①]。1525年中宗拿出一幅孔子画像和一套历代君臣图像，命弘文馆的官员书写并上交赞文。奉中宗之命制作的《历代君臣图像帖》虽然没能流传至今，但有一份被认为是18世纪的、有着相同题目的临摹本传承了下来。《历代君臣图像帖》中装帖有中国君臣和朝鲜中期儒学家肖

---

① 文物厅编，《韩国的肖像画——照面历史中的人物》，讷窝，2007。

像画的草本原稿，尧舜也包含在内。[①]由此可见，朝鲜王室鉴赏尧舜明君图，以此来铭记圣君的气魄与素养。上述资料皆可见证流通于朝鲜王室的鉴戒绘画所具备的功能。

下面来正式考察一下现存的君主故事图。韩国馆藏中装帖有尧舜故事图的作品有《名贤帝王事迹图》（图2-1）和《古昔圣王治政图》（图2-2）。《名贤帝王事迹图》共计八幅，描绘的是包含三皇五帝在内的古代杰出君主的业绩。右起第一幅是描绘伏羲氏创设八卦的《河图出水》；第二幅是描绘神农氏率先开设集市的《神农开市》；第三幅是描绘轩辕氏在涿鹿之野大战蚩尤的《涿鹿之战》；第四幅是描绘帝尧统治时期一位老人鼓腹击壤，乐享太平盛世的《鼓腹击壤》；第五幅是描绘舜帝继位前，深受其孝行感动的大象来为他耕田的《舜帝大孝》；第六幅描绘的是禹帝治理水患的《大禹治水》；第七幅描绘的是商高宗凭肖像画寻找梦中所见的传说，并任用他为宰相的《梦赉良弼》；第八幅描绘的是周齐王寻访隐居儒士的《聘问处士》。

《古昔圣王治政图》共计六幅图画，分别以三皇五帝和夏、商（殷）、周帝王合理治理国家为主题。右起第一幅为《河图出水》；第二幅是描绘神农氏教授百姓农耕的《神

---

[①] 黄正渊，《朝鲜时代宫中鉴赏画》，《朝鲜宫阙绘画》，石枕出版社，2012，193—194页。

农教耕》；第三幅是描绘帝舜在南薰殿抚五弦琴的《南薰殿弹琴》；第四幅是《大禹治水成功》；第五幅是描绘商汤王命令解除部分捕鸟网，以仁德普及禽兽的《成汤解网》；第六幅是描绘虞国和芮国为了争夺田地发生冲突，后被周文王的德治感化，相互和解的《虞芮争田》。画面上面写有题目，第三幅《南薰殿弹琴》上写有如下文字：

南薰殿草屋，仿帝尧茅茨不剪之意，五弦琴风歌，解吾民含怒，阜厚之咸欤。

在讲述与帝尧相关的故事时，一般都会选用象征帝王俭朴生活和专注政事的"土阶茅茨"。而墨家却指出除了帝尧，"土阶茅茨"同样也适用于帝舜。通过《土阶茅茨图》可以发现茅屋里端坐的帝王正在抚琴，不禁让人联想到帝舜的"南薰殿弹琴"。

金弘道（1745—1806）所绘制的《土阶茅茨图》（图2-3）也可以按照上述思路来理解。画面左侧上方写有"土阶三茅，莽茨不剪"的画题，由此能够得知这幅画是以帝尧逸事为基础绘制而成的故事图。画面中大臣们站在三层土阶之下，茅屋里的帝王坐在山水画单幅屏风之前，正在弹奏九足桌上摆放的古琴。帝王端坐于屋顶由草绳编织的茅屋中抚琴的场景，让人不禁想起"南薰殿弹琴"的故事。最终，金弘道的《土阶茅茨图》与前文提及的《古昔圣王治政图》中的《南薰殿弹琴》一样，结合使用尧舜逸事，将施行仁政的帝舜刻画为画中的主人公。

**"舜帝大孝"与《三纲行实图》**

除了装帖有帝王逸事画作的君主故事图之外，尧舜的故事还被收录到鉴戒书籍当中。这种书籍中以图画形式表现的、最具代表性的题材就是"舜帝大孝"。如果说帝舜的"南薰殿弹琴"讲的是施行仁政的圣君故事的话，那"舜帝大孝"则是强调孝行及其美德的孝子故事。因此"舜帝大孝"的形象经常出现在与孝道相关的视觉作品当中。刘向（前77—前6）创作的《孝子传》等各种题材的作品中都收录有"舜帝大孝"的形象。美国纳尔逊-艾特金斯美术馆（Nelson-Atkins Museum of Art）收藏的《石棺》（图2-4）一图中帝舜的形象是根据前文提到的司马迁《史记·五帝本纪》中的记录所绘制的。舜露出上半身，抓着树下四角井的栏杆，在井的上方，其父亲瞽叟和弟弟象正弯曲着身子望向他。

图 2-3 金弘道,《土阶茅茨图》,纸质淡彩,103.3cm×42cm,高丽大学博物馆

图 2-4 《石棺》，北魏 525 年，高 64cm，The Nelson-Atkins Museum of Art；The Cleveland Museum of Art，Nelson Gallery and Atkins Museum of Fine Arts，*Eight Dynasties of Chinese Painting*：T*he Collections of the Nelson Gallery-Atkins Museum*，*Kansas City*，*and the Cleveland Museum of Art*（Cleveland：Cleveland Museum of Art，1980），p. 4。

"舜帝大孝"的题材还出现在收集有二十四位孝子故事的《二十四孝图》中。《二十四孝图》在宋金时期的古墓美术作品和普通绘画作品中都有所呈现。有记录证明，南宋时期的刘松年曾经绘制有《二十四孝图赵孟坚书画册》。元朝郭居敬创作有图文并茂的版刻作品《二十四孝图》。另外还有采用上图下文形式编辑完成的《全相二十四孝诗选》，上端三分之一处绘有孝子故事图，下端剩下的部分附有五

图2-5 郭居敬编,《大舜》,《全相二十四孝诗选》,中国国家图书馆(桥本草子,《〈全相二十四孝诗选〉与郭居敬——二十四孝图研究笔记(其一)》,《人文论丛》43,京都女子大学,1995)

言绝句和解说,类似于一种儿童启蒙书籍。[1]二十四个孝子逸闻中最先出现的"大舜"(图2-5)讲述的是大象代替帝舜耕田的故事。

包括帝舜故事在内的《二十四孝图》成为孝行图的范本,在朝鲜流通盛行开来。尤其是"舜帝大孝"的事迹不仅被选作世宗命令编纂的《三纲行实图》(1432)中的画题,还被收录到众多的行实类图画之中。[2]《三纲行实图》"舜帝大孝"一图(图2-6)中,右侧上端写有标题和国名"虞",一张画分为上下两个场景,分别描绘有不同的故事。

---

[1] 二十四位孝子以帝舜为首,包括汉文帝、曾参、闵损、仲由、董永、郯子、江革、陆绩、唐夫人、吴猛、王祥、郭巨、杨香、朱寿昌、庾黔娄、老莱子、蔡顺、黄香、姜诗、王裒、丁兰、孟宗、黄庭坚。
桥本草子,《〈全相二十四孝诗选〉与郭居敬——二十四孝图研究笔记(其一)》,《人文论丛》43,京都女子大学,1995。

[2] 偰循奉世宗之命编纂有《三纲行实图》,与之相关的全部论述参考如下论文:李洙京,《朝鲜时代孝子图研究》,首尔大学考古美术史学专业硕士学位论文,2001,11—17页;崔尹喆,《朝鲜时代行实图版画研究》,檀国大学史学专业博士学位论文,2010,37—42页。

标记有"舜帝"的人物像左侧画有两头正在耕田的大象。下端则刻画有舜向父亲瞽叟和继母问安的场面。其中父亲画得最大，舜同父异母的弟弟象画得最小。该画作可以看作继承了人物画像必须依照辈分和年龄来区分大小的创作传统。为了做到在同一张画中同时插入两个场景，作者将山脉刻画成舞台背景一般，主人公虽然反复出现，画面之间却没有叙事的连贯性。

图2-6　偰循著，《孝子》，《三纲行实图》"舜帝大孝"，1432，木刻本，26.7cm×16.5cm，高丽大学图书馆（晚松文库贵296B1）（宋意暻摄影）

　　以君主事迹为素材的君主故事图被广泛应用于王室鉴赏用的御览屏风和教育百姓的教科书中。尤其是被称为最理想圣君的尧舜不仅是王室，也是士大夫仰慕和尊敬的圣君。这就是尧舜出现在各种故事人物画中的原因。

# 周　公

## 有君子气度的政治家——周公

甚矣，吾衰也。久矣，吾不复梦见周公。

上文是孔子对周公无法再入梦而抒发的感慨。周公是孔子一生视为师长并极力推崇和效仿的人物。周公姓姬，名旦，谥号文公。因其采邑在周，故称周公或周公旦。他是建立西周的周文王姬昌第四子，周武王姬发同父异母的弟弟。

周公辅佐武王灭掉殷商，在建立周朝和确立制度上殚精竭虑。武王死后，年幼的侄子成王继位，周公辅佐并摄政成王。纣王为商朝最后一位君主，是史上有名的暴君。纣王之子武庚和周公的弟弟管叔、蔡叔勾结，并联合东夷部族反叛周朝。周公与召公协力平定内乱，整肃礼乐。周公无意独掌大权，而是帮助兄长武王和侄子成王逐步建立起周朝的根基。

周公希望将年幼无知、经验不足的侄子成王培养成为一名圣君，他的这种意志在《尚书·周书》中有着全盘的体现。其中《无逸》是周公告诫成王不要贪图安逸的文章。特别是第一句"君子，所其无逸。先知稼穑之艰难，乃逸，则知小人之依"，着重强调了不可贪图享乐，要致力于治理国家。这句话不仅仅是对成王的告诫，还成为农耕时代所有君主所必须铭记的规范。其次还有《诗经·豳风》，尤其是《七月》，是周公停止摄政，让成王登基之后，为告知成王百姓农事辛劳而做的文章。

孔子十分尊敬周公，视他为德才兼备的完美政治家。他评价周公拥有明智的头脑和清晰的判断力，能够克服乱世之难，建立起理想的国家。孔子认为周公建立的周朝是一个完整的国家。另外，孔子将夏、商（殷）、周三代中的周朝文化看作自己思想的根源，给予了特别的关注。孔子认为周朝的建立实现了周公的政治和文化理想，周朝是他想要追随的理想国。这就是孔子之所以希望成为像周公一样人物的原因。

正如前文所说，孔子四十余岁时才回到鲁国，创建学

校，教授弟子，并重新编纂《诗经》和《书经》，将周公的政治思想作为范本。孔子全盘接受了周公德与礼的政治理念。不只如此，孔子还在德礼基础上提出仁的思想，梦想建立以人为本的政治体系。因为对于孔子来说，所谓统治者是仁者，也是君子。归根结底，孔子敬仰周公的理由不是对其个人的赞扬，而是出于对周公所确立的政策、所取得的文化成就的关注。①

令人意外的是《论语》中却没有过多有关周公的记述，只在孔子与弟子的对话中出现了暗自称颂周公的部分。孔子尊敬周公的态度也影响到了孟子。"

孔子认为周公是最理想的君子。尊敬孔子的孟子也从周公身上看到了构成礼教基准的普遍道德本性。孟子将德才兼备的周公和历代圣君联系到了一起。指出"周公思兼三王，以施四事；其有不合者，仰而思之，夜以继日；幸而得之，坐以待旦"。此外，孟子还将孔子确立的圣人概念与圣君政论相互结合起来，重新定义。

> 昔者禹抑洪水，而天下平；周公兼夷狄，驱猛兽，而百姓宁；孔子成《春秋》，而乱臣贼子惧。……我亦

---

① 李香晚，《周公的文化改革和政治哲学》，《东洋哲学研究》41，东洋哲学研究会，2005，199页。

欲正人心，息邪说，距诐行，放淫辞，以承三圣者。

孟子将周公的人格与历代圣君联系到一起，将其视为道统的继承者。由此，孟子希望能够遵循大禹、周公和孔子所具备的圣贤之道。

## 《无逸图》和《豳风七月图》

东亚的君主为了正确治国理政，了解百姓疾苦，通常会积极利用工艺和绘画作品。《无逸图》和《豳风七月图》是最具代表性的画作。首先，《无逸图》描绘的是《尚书·周书·无逸》中的内容。所谓无逸，是指不要贪图安逸。结束七年摄政的周公将政权归还给侄子成王，并将君主应当坚守的勤勉生活记述下来，称之为"无逸"。现将其中一部分内容介绍如下：

周公曰："呜呼！君子，所其无逸。先知稼穑之艰难，乃逸，则知小人之依。相小人，厥父母勤劳稼穑，厥子乃不知稼穑之艰难，乃逸乃谚。既诞，否则侮厥父母曰：'昔之人无闻知。'"

周公曰："呜呼！我闻曰：'古之人犹胥训告，胥保惠，胥教诲，民无或胥诪张为幻。'此厥不听，人乃训之，乃变乱先王之正刑，至于小大。民否则厥心违怨，否则厥口诅祝。"

中国唐朝的宋璟将《无逸》的内容绘制成图画之后献给了玄宗，劝诫观画警勉。但之后由于画作变旧，变得模糊不清，因此被换成了一幅山水画。自此，玄宗不再料理政事，受奸臣笼络，王道崩塌。宋仁宗（1010—1063）时期的大臣孙奭在担任侍讲学士时，讲论至前世乱君亡国，以《无逸》举例，并将其作画呈上。之后仁宗下令将其摆放在讲读阁下。

朝鲜王室也利用《无逸图》来劝勉君王应当正确治国理政。例如，1399年1月1日定宗（1357—1419）在照会太上王之后返回正殿，设宴款待大臣时，平壤府尹成石璘（1338—1423）献上《欹器图》，京畿左道观察使李廷俌献上《历年图》，京畿右道观察使崔有庆献上了《无逸图》。由此可知当时同时进贡有描绘孔子教诲的《欹器图》和包含周公劝诫的《无逸图》，这一历史记载可谓意义重大。此外，太宗诞辰日上丰海道节制使柳殷之（1370—1441）向君王进献了方物和《无逸图》挂画，并在大观殿御座后的

孔子敬慕之士 049

屏风上陈列了《无逸图》。如此看来，《尚书·无逸》成为最能代表正确治国理政的经典，并以绘画的形式在朝鲜王室中流通。

《豳风七月图》描绘的是《诗经·豳风》中的内容。周公为了向年纪尚幼、经验不足的成王告知百姓的疾苦，汇集了豳地（周朝）民谣，编写成《豳风》。《豳风》共有七首，分别是《七月》《鸱鸮》《东山》《破斧》《伐柯》《九罭》《狼跋》。第一首《七月》共分八章，吟唱的是豳地流行的月令歌，即以月令的形式反映出一年四季百姓赖以为生的农事、狩猎、养蚕、家务等相关风俗。

从各种文献中可以轻易找到朝鲜王室鉴赏《豳风七月图》的记录。世宗是利用《豳风七月图》来体谅农民疾苦的君王代表。他在1424年命令艺文馆大提学卞季良（1369—1430）模仿中国的《豳风七月图》和《无逸图》，以月令的形式制作一幅描绘百姓农耕场面的作品。1433年又下令将《豳风七月图》改编为朝鲜样式。《无逸图》和《豳风七月图》体现的皆为农业生产的辛劳。另外，朝鲜还制作有融合《无逸》和《豳风》的《豳风无逸之图》和《豳风无逸作屏》等作品。① 李昉运（1761—1815？）所创

---

① 成倪，《虚白堂集》7，《遵王命书写〈耕织图〉之后序》，沈之汉，《沧州集》3，"进四戒图。兼陈民瘼疏"。

作的《豳风七月图册》保存至今。该风俗画作品由八幅图构成，完整地描绘出《诗经·豳风·七月》八章的内容。下面是李昉运豳风七月图中的第二面，描绘的是《诗经·豳风·七月》第二章的内容：

> 七月流火，
> 九月授衣。
> 春日载阳，有鸣仓庚。
> 女执懿筐，
> 遵彼微行，爰求柔桑。
> 春日迟迟，采蘩祁祁。
> 女心伤悲，殆及公子同归。

李昉运《豳风七月图册》第二面（图2-7）中，两名少妇正提着竹筐四处寻找桑叶，另有几名少妇在河边草丛中采摘艾草。这些妇人所在的田野正是春意盎然，红色的花儿开得艳丽多姿，豆绿色的柳枝郁郁葱葱地垂落下来。李昉运的作品将《诗经·豳风·七月》的诗句如实地呈现出来。接下来是第七面的场景：

> 九月筑场圃，十月纳禾稼。

图 2-7　李昉运,《豳风七月图册》第二面,纸质淡彩,26.6cm×20.1cm,韩国(东垣 2174)

黍稷重穋，禾麻菽麦。
嗟我农夫，我稼既同，
上入执宫功。
昼尔于茅，宵尔索綯。
亟其乘屋，其始播百谷。

第七面（图2-8）描绘的是一年中农业收获时农民们的繁忙景象。李昉运如实地表现出了诗句的内容。画面下端刻画的是农夫们将已经收获或收割下来的粮食背送搬运的繁忙场景。如上所述，《豳风七月图册》作为描绘朝鲜山川农耕面貌的风俗画被广为鉴赏。

## 周公故事图

放弃帝王之路，尽心辅佐侄子的周公成为杰出政治家的表率，获得孔子等一众人的尊敬，周公的逸事也被绘制成画作。从现存的题画诗来看，周公故事图大部分描绘的都是他辅佐成王摄政时的场景。较早的周公故事图出现在《汉书·霍光传》汉武帝逸事中。汉武帝废黜卫太子后，在还没有立太子之前，钩弋夫人为七十岁的汉武帝生下了汉昭帝。于是汉武帝命画工到甘泉宫，画出描绘周公背成王

图 2-8 李昉运,《豳风七月图册》第七面,纸质淡彩,26.6cm×20.1cm,韩国(东垣 2174)

面见诸侯的《周公负成王朝诸侯图》。画工画好后,汉武帝就将这幅画赐予了当时的大将军霍光(?—前68)。就这样,"周公负成王朝诸侯图"成为代表周公和成王逸闻的画题。

周公故事图在朝鲜王室中也经常被鉴赏。成宗以"周公东征论"和"周公负成王朝诸侯律诗"为题,考查二品以下的堂上官。当时南原君梁诚之(1415—1482)是头名,李承召(1422—1484)和李坡(1434—1486)位居其次。[①]以下是李承召的诗作《题"周公负成王朝诸侯图"》。

> 周公摄政辅成王,
> 一片丹诚贯彼苍。
> 身负冲人朝万国,
> 手提神器镇多方。
> 风雷只是彰公德,
> 瓜瓞终然引蔓长。
> 要识汉皇图画意,
> 行将孺子付臣光。

汉业相传至武皇,

---

[①]《成宗实录》,成宗十二年辛丑(1481)10月19日。

始模姬圣负成王。
每忧冲子居铜禁，
却把新图赐霍光。
晚觉浮生流冉冉，
始思身后事茫茫。
但嫌博陆非良弼，
不比周家卜历长。①

　　徐居正（1420—1488）在鉴赏《周公负成王朝诸侯图》②和《周公秉珪》后也留下了诗作。其中《周公秉珪》收录于《尚书·金縢》之中，是意为"周公手执玉圭"的画题。看到兄长周武王病重，周公向祖先祈祷，请求自己代周王死去。周公朝南筑起三座祭坛，又在三坛的南方筑起一座祭坛。周公面向北方站于台上，面前摆放玉璧，手中持圭，向太王、王季、文王祷告，之后又卜问三龟，出现吉兆。第二天，周武王彻底病愈。在徐居正收藏的裴连的八幅故事图中收录有他写的《周公秉珪》一诗：

　　三坛三龟手圭璧，

---

① 李承召，《三滩集》9，《应制周公负成王朝诸侯图》。
② 徐居正撰，《四佳集》40，《周公负成王朝诸侯图》。

> 金縢有册明似日。
> 背负六尺朝诸侯，
> 精忠历历在王室。
> 一朝衮舄居东时，
> 风雷有变天独知。
> 欲识万古元圣心，
> 鸱鸮诗后唐棣诗。①

收录于圣迹图中的《观周明堂》（图 2-9）一图中也能鉴赏到周公与成王的逸闻。首先来看一下《观周明堂》的画题：

> 孔子观周明堂，见四门墉有尧舜之容、桀纣之象，又有周公抱成王朝诸侯图，孔子谓从者曰："此周之所以盛也。"

《观周明堂》是由《孔子世家》的部分内容修改而成的。周朝的明堂同时悬挂着圣君尧舜和暴君桀纣的肖像，

---

① 徐居正撰，《四佳集》1，《题家藏裴连八画》。"鸱鸮"是《诗经·豳风》的篇名，《鸱鸮》诗是指周公曾将恶人比作猫头鹰而作诗。"常棣"与"唐棣"同义，是《诗经·小雅》的篇名。该诗意为，阅读《诗经》就能够体会圣贤内心。

图2-9 作者不详,《观周明堂》,《孔子圣迹图》,1742,纸质淡彩,33cm×54cm,韩国(东垣2177)

同时还陈列着周公和成王的故事图,以此来告知究竟谁才是真正的政治家。《孔子世家》中周公是背着圣主,而圣迹图中《观周明堂》则是周公抱着圣主。

# 老 子

　　老子是春秋时期的思想家,生卒年代不详,大约是生活于公元前6世纪。据《史记·老子韩非列传》记载,老子本名李耳,字聃。中国的纪实故事集《太平广记》中记载老子本名李重耳,字伯阳,楚国苦县(现河南省鹿邑县)曲仁里人。因其生平不为人所知,因此司马迁在《史记》中称呼他为"隐君子",意为隐居的君子。

　　老子是最早思考宇宙万物的中国人。并且他把自己发现的真理命名为"道",将其解释为构成宇宙万物的根本规律。老子思想的核心是"无为自然"。所谓"无为自然",是指自然无为,宇宙万物的存在及发展皆为自然规律,追随气的流动。正如被称为"隐君子"一样,老子领悟到了心灵的自然感化,内心变得清亮宁静,心态变得自然端正。

　　老子还从水中发现了"道"的存在。他从毫无私心、滋养万物、从不索取、从高处流往低处的水的姿态中发现了道的存在。水将人们厌恶的低洼肮脏之处洗净之后还依然保持默默无闻的谦逊姿态，即使污染自己也要清洁别人，老子在水的这般净化过程中也发现了道的存在。因此《道德经》第八章中说到"上善若水，水善利万物而不争。处众人之所恶，故几于道"。

老子曾担任管理图书馆的官吏——柱下史一职。随着周朝的衰退，老子感慨万千，辞掉官职。公元前484年伍子胥被诬陷叛乱自杀的那年，老子也辞去官职，骑着青牛向西归隐。当老子走到秦的函谷关（现河南省新安县）时，守卫关门的函谷关令尹喜拜托老子说"子将隐矣，强为我著书"。于是老子当场给他书写后，走出关门，随风而逝。当时的这份留言之后被整理为上下两篇、共计约五千字的著作，即阐述道与德的《道德经》一书。

公元前518年孔子与弟子南宫敬叔在得到鲁国国君允许后访问周朝。由于平时就十分仰慕周朝的文化制度，因此想要向担任柱下史的老子询问礼法事宜。鲁昭公当时资助了孔子一车两马一仆。孔子先后参观了周朝天子迎接诸侯和举行大典的明堂、诸侯所在的宫室、给周朝祖先后稷祭祀的太庙、举行祭天仪式的天坛等地。当老子听闻孔子来到洛阳的消息，便与弟子康桑楚一同出来热烈欢迎孔子。

老子就《周礼》等各种图书与孔子展开了各种言谈，将自己的思想转达给了孔子。下文是《史记·老子韩非列传》中记载的内容：

> 子（孔子）所言者，其人与骨皆已朽矣，独其言在耳。且君子得其时则驾，不得其时则蓬累而行。吾闻之，良贾深藏若虚，君子盛德容貌若愚。去子之骄气与多欲，态色与淫志，是皆无益于子之身。吾所以告子，若是而已。

"从心所欲不逾矩"是五十多岁的老子向"三十而立"意气风发的孔子传授的一个教诲。

得道的老子与重礼的孔子的这次会面，成为后代儒学家们长久以来的谈资，还经常被用作孔子相关视觉作品的素材。孔子问礼于老子的"孔子见老子"画像大多出现在墓葬艺术中。首先东汉汉桓帝（132—167）时期苦县赖乡的老子祠堂墙壁上刻画有孔子画像。其次在东汉的画像石和墓葬中也有出现。例如，位于山东省嘉祥县的武梁祠画像石上就版刻有《孔子见老子》[1]（图2-10）。

---

[1] Julia K. Murray, "Portraits of Confucius: Icons and Iconoclasm," *Oriental Art*, Vol.47, No.3, 2001, p.18.

图 2-10 《孔子见老子》，东汉，山东省嘉祥县武梁祠（Wu Hung, *The Wu Liang Shrine : The Ideology of Early Chinese Pictorial Art*, Stanford, Calif. : Stanford University Press, 1989, p. 43）

武梁祠画像石（图 2-11）中的孔子两手恭敬地持有一支鸠杖，作为礼物献给老子。老子拄着拐杖与孔子互致问候。两人中间滚轮子的小童是项橐，项橐是春秋时期有名的神童。《淮南子·修务训》载："夫项橐七岁为孔子师，孔子有以听其言也。"画像石中项橐一手滚着轮子，一手指向孔子。孔子和老子旁边各有"孔子也""老子"的标记，悬挂如门牌一般。

墓葬美术主要由理想的死后世界或长生不老的神仙等道家内容构成，那孔子和老子为什么会出现在墓葬美术中呢？有人主张说这是因为《孔子见老子》是葬礼仪式中的一个场面，即吊唁的宾客来到故人家中，向故人的后人赠

图2-11 《孔子见老子》（部分）(《孔子圣迹图——从画中看孔子的一生》，成均馆大学博物馆，2009，147页）

孔子敬慕之士 063

送礼物;还有人认为当时的老子相当于太上老君,他的存在有助于亡者的升天。[1]

《唐朝名画录·周昉》中包含有孔子问礼于老子的《仲尼问礼》和《文宣王十弟子卷轴》。这就证实了具有崇拜和祭拜功能的孔子及其弟子的肖像画和记录孔子生平逸事的画像是被同时制作而成的。[2]《孔子见老子》以"问礼老聃"(孔子向老聃问礼)为画题,还被收录在圣迹图中。这里所说的老聃指的是老子。据推测该画题是从元朝开始被收录到圣迹图里的。因为金振汝曾经临摹过元朝画家王振鹏(生活于1280—1329年间)的《圣迹图》,在金振汝的临摹作品中就收录有《问礼老聃》一图(图2-12)。下面考察一下金振汝版《圣迹图》的跋文:

> 孔子与南宫敬叔入周,问礼于老子。朱子曰,老子曾为柱下史知礼节,故问之。惟周柱史,习礼知文。乃枉圣躬,以廓圣闻。德比重华,好问好察。取人为善,异世同辙。

---

[1] Wu Hung, *The Art of the Yellow Springs : Understanding Chinese Tombs*, Honolulu : University of Hawaii' Press, 2010, p.199—200。
[2] 赵善美,《关于孔子圣迹图》,《孔子圣迹图——从画中看孔子的一生》,成均馆大学博物馆,2009,147页。

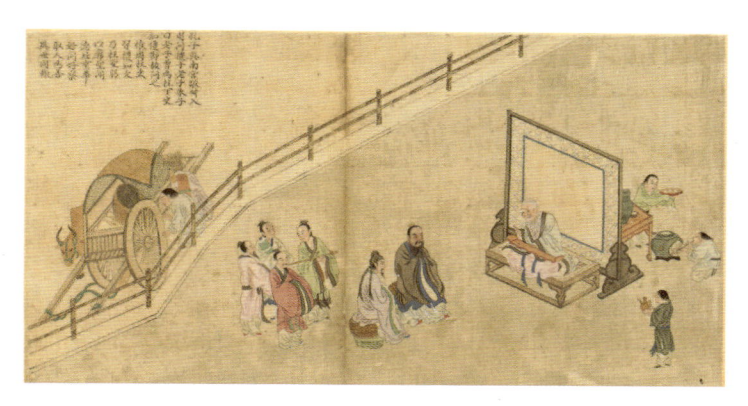

图2-12　金振汝,《问礼老聃》,《圣迹图》,绸缎彩色,31.5cm×62.1cm,韩国(德寿1397)

  仔细观察画面可以看到,篱笆外侧停有南宫敬叔的备车,篱笆内侧孔子和老子相对而坐,一问一答。老子坐于单幅屏风前的桌案之上。包括出场人物在内,画面内所有的物品都被精致巧妙地着以色彩,生动传神地描绘出孔子与老子见面时的情景。

# 3

## 孔子，与弟子同行的先师

- 孔子喜爱的弟子
- 杏坛——孔子讲学地
- 曾点，鼓瑟徜徉沂河

# 孔子喜爱的弟子

在孔子波澜壮阔的一生中总有其喜爱的弟子陪伴左右。如前文提到的孔子门下弟子三千。其中精通六艺，即礼、乐、射、御、书、数的弟子有七十二人之多。孔子的教诲可以说是存在于与弟子的平凡交谈或与他们在一起的日常点滴生活中。这岂不是与那些主张宏观大论和深奥理论，进而留下逻辑性文章的其他哲学家迥然不同吗？

七十二名弟子中孔子最信任颜回。颜回是鲁国人，又叫颜渊，字子渊。他德高望重，才智超群，是最受瞩目的弟子。虽身居茅屋陋巷，却不畏贫苦，从不发脾气，也不从政。孔子称赞这样的颜回"用之则行，舍之则藏，唯我与尔有是夫"。同时还高度评价他的人品"回也，其心三月不违仁，其余则日月至焉而已矣"。孔子赞扬颜回的逸话在《论语·雍也》中也有所记载：

贤哉，回也！一箪食，一瓢饮，在陋巷，人不堪其忧，回也不改其乐。贤哉，回也！

被老师先后两次称赞为"贤良高尚"的颜回四十一岁就去世了。孔子对他的早逝感到极为悲痛，不禁痛哭哀叹说："天丧予！"后世文人学士尊称颜回为颜子，对颜回推尊有加，封为复圣。似乎是为了印证孔子和颜回笃实的师生关系，颜回随师周游列国的场面经常被制作成视觉化作品。命名为"行教"或"小影"的孔子与颜回的同行像被认可为"最真"之像，经常出现在表现孔子的故事图中。譬如，康熙帝有一次去往曲阜祭拜孔子，巡视过孔庙圣迹殿摆放的孔子石刻之后，向衍圣公孔敏圻咨询，孔敏圻回答说"孔子行教小影"颜子从行像"最真"。然后又补充说孔子去世那年，行教小影由其弟子子贡誊写，之后顾恺之又重新描摹。在孔氏家门族谱《家谱》中也评价说："孔子身穿燕居服（王与官吏的日常便服），颜回同行，可认为此行教像最真，即'于圣像为最真'。"①

身着燕居服的孔子与颜回的行教小影像现在被展示在

---

① 《家谱》由孔道辅（986—1039）之子孔宗翰编纂。慎民楼，《朝鲜时代孔子图像研究》，明知大学美术史学专业硕士学位论文，2016，14页。

山东省曲阜孔庙的碑石（图3-1）上。该碑石是1095年由孔家第四十八代孙孔端友出资建造的。1118年其侄子孔瑀刻制了行教小影像。[①]描绘的是孔子与颜回两手聚拢，恭敬步行的场面，展示出摒弃世俗欲望，专心致志做学问的姿态。孔子与颜回同行的行教小影像之后还被收录在记述孔子四十九个身体特征的《孔氏祖庭广记》和明朝书籍《阙里志》的第一章中。此外在描绘孔子一生的画作《圣迹图》的最开始部分也出现了《先圣小像》的画题。由此可见，行教小影像是非常有价值的画像。

接下来考察一下除了孔子和颜回，还包括曾参（前505—前435）在内的《三圣图》（图3-2）。颜回（颜子）、曾参（曾子）、孟子、子思并称为"四配"或"四圣"。他们作为孔子的特别弟子，被安置在孔庙之中。明朝时期颜回被追尊为"复圣"，曾参被追尊为"宗圣"。明朝画作《三圣图》描绘的是孔子和两名弟子一同站于松树下的场景。孔子右侧为以德著称的颜回，左侧为以孝著称的曾参。孔子表情严肃，直视前方，加之在其两旁辅佐的弟子颜回与曾参，该画像与前面提到的孔子行教图不同，呈现出的

---

[①] Julia K. Murray, "Illustrations of The Life of Confucius: Their Evolution, Function and Significance in Late Ming China," *Artibus Asiae 57 nos 1—2*, 1997, p.80—81。

图 3-1 《行教小影像》，1118，拓本，64cm×40cm，山东省曲阜孔子庙碑石（*Confucius*，p.23）

图 3-2 作者不详，《三圣图》，绸缎水墨，143cm×75.7cm，孔子博物馆，山东省曲阜（*Confucius*，p.49）

是学识渊博的哲学家和威风凛凛的知识分子的形象。①

孔子与颜回的逸话记载在圣迹图《农山言志》(在农山谈论志向)的画题中。孔子漫步农山时让子路、子贡、颜回分别表述自己的志向。子路志在攘地千里;子贡志在四处与人结交,陈说利害。孔子高度评价了子路的勇猛与子贡的辩才。而颜回却说自己志在敷五教,修礼乐。孔子听后高兴地赞扬道:"不伤民,不害民,不繁词,则颜氏之子有矣。"

韩国也曾鉴赏过孔子与颜回同行的行教小影像。高丽文臣咸淳召集画工画出仲尼(孔子)和颜回的画像后,请李圭报(1168—1241)来书写赞文。李圭报在看过孔子和颜回的行教像后,写出了如下诗文:

### 先圣孔子

万世之师,

德不可名。

如日月之光,

更可誉其明。

但默观其像,

---

① 南宋时期推尊颜回、曾参、孟子、子思为"四配",明朝时期命名颜回为复圣,曾参为宗圣。参考《孔子像衍圣公及夫人肖像》,山东省曲阜文物管理委员会,1988。

髣髴乎蒙倛。
有德如天，
生不遇时。
噫乎已矣，
麟何获兮，
凤何衰。

**先师颜回**
知颜贤者孔丘，
苦孔卓者颜子。
圣贤道同，
吻合无异。
孔颜二姓，
一体一意。
若七十子之辈，
七十其身而七十其志乎。[①]

李圭报称孔子是先圣，称其弟子颜回是先师，强调师生二者为一体。接下来要看的是《论语》中出现最多的弟子——子路。子路又名仲由，比孔子小九岁，是众弟子中

---

① 徐居正撰，《东文选》50，《先圣先师像赞并序》。

图 3-3　作者不详,《过蒲赞政》,《孔子圣迹图》,1742,纸质淡彩,33cm×54cm,韩国(东垣 2177)

年龄最大的。子路纯朴耿直，一身正气。但由于性格急躁，经常被老师批评。子路十几年来陪伴孔子周游列国，一起过着流亡生活。他们两人的关系与其说是师徒，不如说更像是相伴一生的朋友。

圣迹图中有关子路的故事有《过蒲赞政》（经过蒲城境内，称赞子路的政绩）（图3-3）。孔子经过子路任邑宰的蒲邑时，再三称赞其政绩。另一名弟子子贡说："未见其政，何以知之？"于是孔子这样回答道：

入其境，田畴尽易，草莱甚辟，沟洫深治，此其恭敬以信，故其民尽力也。入其邑，墙屋完固，树木甚茂，此其忠信以宽，故其民不偷也。至其庭，庭甚清闲，诸下用命，此其言明察以断，故其政不扰也。以此观之，虽三称其善，庸尽其美乎！

接下来要看的画题是《子路问津》（孔子让子路去询问渡口位置）（图3-4）。鲁哀公四年（前491）孔子从叶国返回齐国的途中，忘记了渡过黄河的渡口位置。于是让子路去请教长沮和桀溺这两位躲避乱世，在此隐居并肩耕地的隐士。下文是他们之间的对话：

图3-4 仇英,《子路问津》,《人物故事图册》,绸缎彩色,41.4cm×33.8cm,北京故宫博物院

长沮曰:"夫执舆者为谁?"

子路曰:"为孔丘。"

曰:"是鲁孔丘与?"

曰:"是也。"

曰:"是知津矣。"

问于桀溺。桀溺曰:"子为谁?"

曰:"为仲由。"

曰:"是鲁孔丘之徒与?"

对曰:"然。"

曰:"滔滔者天下皆是也,而谁以易之?且而与其从辟人之士也,岂若从辟世之士哉?"

桀溺一边回答,一边耕而不辍。子路回来告诉孔子,孔子以酸楚和悲凉的表情回答道:

鸟兽不可与同群,吾非斯人之徒与而谁与?天下有道,丘不与易也。

这则逸事在《论语·微子》和《史记·孔子世家》都有收录,体现出人不能同飞鸟走兽为伍,而是需要与世

人打交道的孔子主张。

子路对孔子来说是非常特别的一位弟子。因此在子路去世时,孔子就叹息,随即唱道:

太山坏乎!梁柱摧乎!哲人萎乎!

就如同难以忍受弟子去世的悲痛一般,孔子在子路去世后的第七天也溘然长逝。孔子与他喜爱的弟子结伴同行,明辨天下之理。

# 杏坛——孔子讲学地

## 关于杏坛的考证

真正的良师所享有的真正的快乐大概就是培养弟子，并与他们一起畅谈学问吧。孔子认为与弟子一起讲学是一件十分重要的事情。如前所言，孔子三十岁时坚定了做学问的志向，开始讲学，到五十岁时共培养有三千多名弟子。代表孔子讲学的地点是"杏坛"。《庄子·渔父》中说："孔子游乎缁帷之林，休坐乎杏坛之上，弟子读书，孔子弦歌鼓琴。"由此可以得知孔子与众弟子于杏坛之上同席共处。

通过《庄子·渔父》的记载可以得知，杏坛成为孔子及其弟子游学的象征性空间。相传杏坛位于孔子故里曲阜孔庙大成殿前。也有人主张说孔子生前并没有杏坛。李圭景（1788—1856）指出《阙里志》中所记载的"杏坛，在

殿前，夫子（孔子）旧居"的内容有误。即主张"《庄子》书凡述孔子皆是寓言"。因此"渔父不必有其人，杏坛不必有其地，即有之，亦在水上苇间，依陂旁渚之地，不在鲁国之中也明矣"。他强调说："今之杏坛，乃宋乾兴间四十五代孙道辅增修祖庙，移大殿于后，因以讲堂旧基甃石为坛，环植以杏，取杏坛之名名之耳。"①

众所周知，杏坛是指位于银杏树下的讲坛。但是也有一部分人认为该杏木可能不是银杏树，而是甘杏树。李睟光（1563—1628）阅读姜希孟（1424—1483）的诗作时，就将杏坛理解为杏树讲坛。② 李裕元（1814—1888）也记述了在文会书院看到中国的《杏坛图》，指出孔子讲学的场所鲜花盛开，草木茂盛，但是图中的杏坛为甘杏（杏树）。同时，李裕元还援引孙嘉淦《南游记》中"入曲阜，登杏坛，则红花方盛"的诗句证明杏坛分明为甘杏树，感叹朝鲜时代泮宫（成均馆和孔子庙）所种植的却是银杏树。③

1778年李岬（1737—1795）以副使身份出使燕京，将有关杏坛的所见所闻记录在《燕行记事·闻见杂记》中，

---

① 李圭景，《五洲衍文长笺散稿·经史篇》"杏坛辩证说"。
② 李睟光，《芝峰类说》6，《弟子》，"孔子坐杏坛之上，按事文类聚以为红杏，必有所据，姜希孟诗，坛上杏花红半落是也，或者疑为银杏非也"。
③ 李裕元，《林下日记》30，《春明逸事》"有关杏坛图的论辩"。

内容如下：

> 有篆书杏坛二字碑，坛前有金章宗时石镌龙炉，极为精妙，其前又有宋御制赞及米芾所书桧树赞碑，宋真宗时君臣所制夫子及七十二弟子赞碑。[1]

实际上山东省孔庙的杏坛旁确实有孔子亲手种植的桧树。李圭景引用《阙里志》中的记载，记录孔子共种有三株桧树。两株在赞德殿前，高六丈余，围一丈四尺。一株在杏坛东南隅，高五丈余，围一丈三尺，其枝蟠屈如龙形，世人称之为"再生桧"。[2] 至今还保留有描绘杏坛与孔庙前桧树的画像，即郑敾（1676—1759）的画作《夫子庙老桧图》（图3-5）。郑敾将老桧画于六角篱笆之中，桧树右侧能俯瞰孔庙的内部，后面画有倾斜的山脊。描绘孔子一生的圣迹图中也包含孔子在讲学的杏坛旁种植桧树的《杏坛植桧》一图。前文提到的李岬的《燕行记事》中记载，杏坛前立有书法家米芾撰写的《孔子手植桧赞碑》，由此可知桧树与杏坛共同成为代表孔子讲学的隐喻象征。

综上所述，孔子有生之年并没有杏坛，杏坛之说不过

---

[1] 李岬，《燕行记事·闻见杂记》"杂记"。
[2] 李圭景，《五洲衍文长笺散稿·人事篇》"夫子庙墓辩证说"。

图 3-5　郑敾,《夫子庙老桧图》,绸缎淡彩,29.5cm×23.3cm,倭馆修道院(《回归倭馆修道院的谦斋郑敾画册》,国外所在文化财团,2013,图 20)

是《庄子·渔父》中的一个故事而已,有关杏木是否为杏树的争论也一直持续不断。但毋庸置疑的是,杏坛是孔子集合众弟子施教讲学的象征,进而成为盟誓之坛。依据圣迹图中的《琴歌古坛》,孔子出鲁东门,过古坛,历阶而上,顾谓子贡曰:"兹臧文仲(鲁国大夫)誓盟之坛也。"孔子此刻睹物思人,回想起臧文仲,命琴而歌。[1]据此事例可以断定杏坛为孔子的讲学之地。

## 杏坛讲学图的发展

孔子的杏坛讲学图早已从高丽时代就开始流通起来。《东文选》"金富轼条"中记载了政和年间(1111—1118)访问宋朝的金富轼(1075—1151)阅览中国画作的相关内容。宋徽宗赐予的十五幅画中包括《夫子杏坛图》。[2]此后在图解孔子一生的圣迹图中,杏坛讲学以《杏坛礼乐》之名广为流传。《杏坛礼乐》描绘的是孔子六十八岁结束"周

---

[1] 《琴歌古坛》,"孔子出鲁东门,过古坛,历阶而上,顾谓子贡曰,兹臧文仲誓盟之坛也。睹物思人,命琴而歌曰,暑往寒来春复秋,夕阳西下水东流。将军战马今何在?野草闲花满地愁"。参考成均馆大学博物馆,《孔子圣迹图——从画中看孔子的一生》,成均馆大学博物馆,2009,259页。李瀷也曾记述杏坛为鲁国臧文仲盟誓之坛。参考李瀷,《星湖僿说》30,《诗文门》"杏坛吟"。

[2] 徐居正撰,《东文选》35,《表笺》,"谢宣示太平睿览图表"。

图 3-6 作者不详,《杏坛礼乐》,《孔子圣迹图》,1742,纸质淡彩,33cm×54cm,韩国(东垣 2177)

图 3-7 作者不详,《圣门四科》,《孔子圣迹图》,1904,木刻印刷,28cm×51cm,成均馆大学博物馆

孔子,与弟子同行的先师 085

游列国",即巡游各个国家后回国,在杏坛与众弟子整理经典、传授学问的场景。下文是圣迹图中《杏坛礼乐》(图3-6)的画题:

> 孔子归鲁,然鲁终不用。孔子亦不求仕,日坐杏坛鼓琴,与其徒叙书传礼删诗正乐赞易,是杏坛者,为万世立教之首地也。①

《孔子圣迹图》中的《杏坛礼乐》描绘的是孔子每天坐于杏坛之上抚琴,删定弟子们拿来的《书传》(或《尚书》)和《诗传》(或《诗经》),撰述《周易》的场景。《杏坛礼乐》这幅画作真实地再现了《庄子·渔父》中的孔子故事,画面中人们聚集的杏坛中间刻画有杏木与屏风,桌上摆有古琴和香炉,人物周围有摆放书籍的桌子和墩子。孔子胡须茂密,头戴缁布冠,身穿深衣,正襟危坐,视线朝向左侧。孔子周围的弟子们将书展开呈给孔子查看。杏坛的杏木是盛开着鲜红色花朵的甘杏树。

此外孔子将精通"六艺"的七十二弟子按德行、辞令、政事和文学四类分列四科,在《圣门四科》(圣人门下四类

---

① 《杏坛礼乐》参考成均馆大学博物馆,《孔子圣迹图——从画中看孔子的一生》,成均馆大学博物馆,2009,258页。

图 3-8 作者不详,《琴歌古坛》,《孔子圣迹图》, 1742, 纸质淡彩, 33cm×54cm, 韩国(东垣 2177)

才能）（图3-7）中也采用了《杏坛礼乐》的"杏坛"。在讲学场景中经常会出现孔子"凭案席或墙壁而坐"的凭几像。凭几而坐是孔子迎接门徒圣贤或演奏乐器时经常采用的姿势。比如，孔子第五十一代孙孔元措在1242年著述的《孔氏祖庭广记》中就收录有孔子凭案席而坐的凭几像。画中的孔子是向弟子传授圣道的先师，众弟子是谦虚接受儒学之道的儒家学者。

圣迹图的讲学场景中所倚靠的案席之几主要是单幅屏风。《琴歌古坛》（图3-8）与《杏坛礼乐》的构图、图像和形式几乎完全一致。但《圣门四科》中的孔子是端坐于屏风正中间的正面凭几像，弟子以孔子为中心，左右对称围成一列而坐。刻画孔子与弟子颜回问答场面的《克复傅颜》，以及孔子向曾参传授天子、诸侯、大夫、士庶人孝道的《孝经传曾》也具备相似的构图。《杏坛礼乐》或《琴歌古坛》中出现了孔子弹琴的场面，但是在其他的讲学图中这一场面被省略掉了①。如上所述，圣迹图中孔子的"先师"形象是以银须茂密的树下人物凭几像展现出来的。

接下来是明朝的杏坛讲学图。孔子博物馆收藏有一幅作者不详的《孔子讲学图》（图3-9），具体描绘了"杏坛

---

① 近来有提议称孔子凭几会见弟子的场景是借用了佛祖的说法场面，该提议颇有说服力。参考慎民楔，《朝鲜时代孔子图像研究》，明知大学美术史学专业硕士学位论文，2016，60—61页。

图3-9 作者不详,《孔子讲学图》,明朝,绸缎彩色,167.5cm×85cm,孔子博物馆,山东省曲阜(*Confucius*, p.51)

讲学"的故事内容。孔子倚坐在案席之上,头戴司寇冠,手持如意,却没有抚琴。孔子身后一株一围多粗的松树在岩石间伸展,蜿蜒而上,中间隐约可见杏树的踪迹。孔子左侧有三名弟子提着香炉等物品,右侧一个弟子在咨询问题,从而形成了一幅三角构图。瀑布环绕的陡峭山坡上,十六名弟子分为三组正在向上攀爬,其中站在最前面的弟子手里拿着古琴。

综上所述,备受众多文人儒士爱戴和尊敬的孔子被刻画成官员、老师、隐士等多种视觉化形象。虽然无法确定在孔子有生之年杏坛是否真的存在,以及杏木究竟是哪种树木,但是杏坛作为孔子教学和盟誓的场所,经常与孔子一同出现于各类画像当中。

## 曾点，鼓瑟徜徉沂河

《杏坛礼乐》是以《庄子·渔父》为基础创作完成的视觉化作品，孔子讲学的形象和图像在圣迹图中逐步得以确立。之后随着其他逸话逐渐被添加，有关孔子讲学的场面以多样化的形式呈现出来。尤其是以孔子和曾点对话而闻名的《论语·先进》中对"浴沂"这一学习场所的描写，体现出师生之间修行高尚学问的场景。"浴沂"始于孔子和他的弟子子路、曾点、冉有、公西华（前509—？）之间的问答：

子曰："以吾一日长乎尔，毋吾以也。居则曰：'不吾知也！'如或知尔，则何以哉？"

针对孔子的提问，子路、冉有、公西华分别从治理国家、壮大军事力量、使百姓富足、领悟道理等方面进行了回答。最后孔子问曾点：

"点，尔何如？"鼓瑟希，铿尔，舍瑟而作，对曰："异乎三子者之撰。"

子曰："何伤乎？亦各言其志也。"

曰："莫春者，春服既成，冠者五六人，童子六七人，浴乎沂，风乎舞雩，咏而归。"

夫子喟然叹曰："吾与点也！"

曾点被人们认为是对儒学教育思想身体力行的人物。他被评价为拥有尧舜气概的得道之人，亲身实践高雅清华风度的儒者，备受人们的尊敬。随着对曾点关注程度的不断提高，与其相关的逸闻"浴沂"变得更为流行，描绘其内容的故事图也大幅增加。

一边弹奏琴瑟，一边与老师谈笑风生的"曾点鼓瑟"是朝鲜王室和士大夫文人乐于鉴赏的故事人物画画题。在成宗收藏的故事人物画屏风中还出现了曾点"浴沂"和杏坛相结合的"曾点鼓瑟"这一逸事。1480年成宗向大臣们展示了十二幅屏风画，下令选出作诗最为优秀的十二人，分别就每幅画创作一首七言律诗呈上来。这十二幅屏风皆

由中国的圣贤故事组成。其中第十幅就是《曾点鼓瑟图》。鉴赏这幅图的鱼世谦（1430—1500）留下了下面这首题画诗：

> 诸弟从容侍坐迟，
> 杏坛春色透花枝。
> 太山标迥真堪仰，
> 沂水风生可咏归。
> 弦上天机随手动，
> 个中胸次有谁知？
> 欲寻天地同流处，
> 须记铿然舍瑟时。①

鱼世谦的诗作以"浴沂"内容为中心，引用了《庄子·渔父》中有关杏坛的内容。现在再来看一下郑敾的《杏坛鼓瑟》（图3-10）。郑敾继承了朝鲜中期发展起来的小景人物画形式，将寄居于自然的古代圣贤的趣事用华丽的淡彩来完成。画面上端画有雾、云、远山，下端画有树木的顶部，预留出刻画人物的空间。以细笔浓墨描画的石

---

① 《成宗实录》，成宗十一年（1480） 10月14日，"上出画屏十二幅，命抄文臣能诗者十二人，令各制七言一篇而进"。

图 3-10　郑敾,《杏坛鼓瑟》,《画册》, 18 世纪, 绸缎淡彩, 29.6cm×23.3cm, 倭馆修道院(《回归倭馆修道院的谦斋郑敾画册》, 2013, 图 21)

坛上坐有孔子和他的四个弟子，两个侍童分立左右。除去一名正在鼓瑟的弟子，其他所有的人物画像皆为两手并拢的拱手状。

画中的孔子头戴东坡冠，淡青色的深衣上描绘有深蓝色的线条。孔子两侧的弟子们身穿凸显大红线条的淡红色深衣，余下的弟子和侍童穿着与孔子同色的衣服。以胡粉描画出孔子的胡须和深衣的袖边，用淡褐色勾画出孔子的面部轮廓。郑

图3-11 郑敾，《夫子图》，18世纪，绸缎淡彩，31cm×22cm，个人收藏（《谦斋郑敾传》，大林画廊，1988，图34）

敾在创作这幅《杏坛鼓瑟》时沿用了孔子讲学的传统形式和图像。画面中央用斜线画有合抱的杏木，下端的石坛上画有孔子和弟子，人物群像的中央位置放置有香炉。

郑敾的《杏坛鼓瑟》与圣迹图中的《杏坛礼乐》相比，省略了讲学场景中的重要图像——屏风和椅子，即凭几像的内容被省略掉了。孔子和弟子就坐于同等高度的讲坛之上，让人感觉多少会削弱孔子的权威。忠实反映《庄

子·渔父》的圣迹图《杏坛礼乐》中孔子为弹琴者,而郑敾的《杏坛鼓瑟》中的鼓瑟者则是曾点。这表明郑敾在创作孔子讲学场景时采纳了《论语·先进》中有关"浴沂"的内容。

郑敾的另一部作品《夫子图》(图3-11)与《杏坛鼓瑟》相似。在《夫子图》中,郑敾采用多少有些粗涩的笔墨,将石坛之上师生聚会的场面以树下人物图的形式展示出来。《夫子图》的素材依然是"曾点鼓瑟"。树下的石坛、替先师鼓瑟的弟子、隐约可见的杏木等一系列图像和构图都与《杏坛鼓瑟》十分类似。《庄子·渔父》中的"杏坛"是孔子讲学的代表性象征,《论语·先进》中的"曾点鼓

图3-12 赵荣祐,《杏坛图》,18世纪,纸质水墨,79.5cm×27.5cm,个人收藏(慎民梭,《朝鲜时代孔子图像研究》,明知大学美术史学专业硕士学位论文,2016,图25)

瑟"则是最为著名的师生问答逸事。郑敾将这两种图像结合应用到一起，重塑了最为理想的孔子讲学与师生间雅会的场景。从画面中可以得知，《杏坛鼓瑟》和《夫子图》中的众弟子是以鼓瑟的曾子为代表的子路、冉有和公西华等人。描绘"浴沂"的《杏坛鼓瑟》成为孔子讲学的代名词，郑敾运用独特的画法将其进行了演绎。

观我斋赵荣祐（1686—1761）曾在扇面上画过"曾点鼓瑟"的故事。另外，赵荣祐《杏坛图》（图3-12）中的孔子及其弟子们不是坐于杏坛之上，而是悠然地坐在岩石上谈笑风生。

朝鲜中期的文人官员张维（1587—1638）想用"杏坛琴瑟""南郭隐几""毗卢踞台"来装饰障子。因为张维病里闲居，偶思此三件景象，不觉神融。因此"欲倩书画笔擶作三障子，顾今世难得龙眠（北宋画家李公麟）妙手，画未易成，姑先作三赞"，来聊以慰藉。[1] 下文是张维所作《杏坛琴瑟》赞文：

条风淑景，杏花满庭。

---

[1] 张维，《溪谷集》2，"三千弟子，立侍杏坛，回琴点瑟，南郭子綦，隐几而坐槁木死灰，毗卢遮那，踞天光台，千佛围绕，病里闲居，偶思此三件景象，不觉神融，欲倩书画笔擶作三障子，顾今世难得龙眠妙手，画未易成，姑先作三赞"。

弟子拊弦，先生默听。

一团和气，冲融无间。

其形可搯，

意不容赞。①

    清朝画家孟永光（1590—1648）来到朝鲜，仁祖（1595—1649）立马命他将张维作赞的三幅作品画出来。孟永光画出了"杏坛琴瑟"和"毗卢踞台"，但直到最终也未能画好"南郭隐几"。肃宗为此感到十分惋惜，寄望于后代技艺高超之人完成它。② 这里值得注意的一点是与鼓瑟的曾点一同出现的还有抚琴的颜回。即在先师孔子面前颜回抚琴、曾点鼓瑟的"回琴点瑟"场景也以绘画的形式呈现出来。"回琴点瑟"的图像还出现在鱼有凤（1672—1744）鉴赏过的十幅故事人物屏风中。鱼有凤在鉴赏了孔子、孟子、周敦颐（1017—1073）、程颐（1033—1107）、邵雍（1011—1077）、司马光（1019—1086）、朱子（1130—1200）等圣贤的故事图之后，写下了《屏画十赞》。其中与

---

① 张维，《溪谷集》2，"条风淑景，杏花满庭。弟子拊弦，先生默听。一团和气，冲融无间。其形可搯，意不容赞。右杏坛琴瑟"。

② 肃宗，《列圣御制》15，《题南郭隐几图》，刘美那，《以中国诗文为主题的朝鲜后期书画合璧帖研究》，东国大学美术史学专业博士学位论文，2005，161页。

图 3-13 罗能浩,《杏坛弦歌图》,1886,纸质彩色,105cm×158cm,沈和修收藏(《孔子圣迹图——从画中看孔子的一生》,成均馆大学博物馆,2009,19页)

孔子相关的逸话是《杏坛弦诵》(在杏坛弹琴吟诗):

> 圣师当坐,哲彦旁列。
> 弦诵洋洋,回琴点瑟。
> 高明广厚,太和融彻,
> 一片杏坛,唐虞日月。①

有关在孔子讲学处"回琴点瑟"的画像在朝鲜时代得以大量制作。其中"曾点鼓瑟"在圣迹图中以《四子侍坐》(四弟子侍坐孔子)的画题出现。据推测,明朝万历年间,即1592年何出光雕刻在石头上的圣迹图中应该也包括《四子侍坐》一图。

描绘在孔子面前颜回弹琴、曾点鼓瑟的代表性作品还有罗能浩的《杏坛弦歌图》(图3-13)。根据这幅画上端的文字记载,1645年七峰咸轩(1508—?)在出使途中顺便去到阙里,从孔子后代子孙孔大春处得到吴道子所画的一幅孔子画像和《杏坛图》。咸轩回国后将作为礼物收到的《杏坛图》供奉在江陵的五峰书院。1675年被流配至咸镜道德源的宋时烈(1607—1689)看到这幅《杏坛图》,命令将其

---

① 该屏风由孔子杏坛弦诵、陋巷箪瓢、传授一贯、撰述中庸、三宿出昼、濂溪爱莲、百源整襟、傍花随柳、涪陵遇樵、九曲棹歌构成。参考鱼有凤,《杞园集》22,《屏画十赞》。

移送至咸镜道。之后《杏坛图》被供奉在黄海道文会书院。1866年书院被撤后，这幅《杏坛图》再次被移送安置于完山乡校的大成殿，罗能浩负责当时的移模工作。①

《杏坛弦歌图》中杏花盛开的院子里布置有讲坛，孔子坐于讲坛之上，在四十五位弟子的护卫之下正在讲学。以孔子为中心，右边坐有弹琴的颜回，左边坐有鼓瑟的曾点。这是一幅典型的"回琴点瑟"画像。杏花齐放的春日杏坛、颜回与曾点的演奏，还有成群的弟子，这幅作品告诉我们，这些形象已经成为代表孔子讲学的典型形象。

除"曾点鼓瑟"外，表现"浴沂"的另一个内容"浴乎沂，风乎舞雩，咏而归"的画作也被大量流传下来。这类画作主要以"舞雩风咏"（在舞雩中乘风吟诗）和"曾点浴沂"为画题流通开来。李滉（1501—1570）在1557年鉴赏过黄俊良（1517—1563）收藏的十幅故事人物屏风后留下了一首题画诗。尤其是他在看到屏风里的《舞雩风咏》一图后，对曾点的风流这样吟诵道：

> 童冠春游亦偶然，
> 何能感圣极称贤。

---

① 此图上端书写的题记原文，以及有关此图的详细考证参考慎民楑，《朝鲜时代孔子图像研究》，明知大学美术史学专业硕士学位论文，2016，53—59页。

若知个里真消息，

盖世功名一点烟。①

"舞雩风咏"在日本大和文华馆收藏的《万古奇观帖·曾点浴沂》（图3-14）中也有所呈现。《万古奇观帖》是朝鲜王室出于鉴赏和教育的目的，将古代诗文以图画和书法的形式表现出来的诗画合璧帖。该帖共编辑有三册，图画由英祖时期的图画署画员韩后邦、韩后良、张得万、张继万、梁箕星（？—1755）、秦再奚（1691—1769）负责，书法由朝鲜后期的文臣兼著名书法家尹淳（1680—1741）负责。《万古奇观帖》上盖有正祖年号的印章，由此可以得知正祖也曾经阅览过该帖。

《曾点浴沂》记载在《万古奇观帖》第二册《利》的首章中，图画由梁箕星负责绘制。梁箕星的《曾点浴沂》一画刻画有头戴冠帽的六个成人和六名童子正在沂水附近游玩嬉戏的场景。其中年龄最大的曾点被刻画成一位胡须飘飘的人物。② 相传在李命基（1756—1813）创作的《风乎舞雩图》（图3-15）中也发现了"舞雩风咏"的画像。在这幅画中舞雩台被高高地置于右侧上端，台上画有美丽的花

---

① 李滉，《退溪先生文集》2，《黄仲举求题画十幅》，《舞雩风咏》。
② 慎民樨，《朝鲜时代孔子图像研究》，明知大学美术史学专业硕士学位论文，2016，67页。

图 3-14　梁箕星,《曾点浴沂》,《万古奇观帖》, 利册, 纸质彩色, 37.9cm×29.4cm, 大和文华馆（宋熹暻摄影）

图 3-15 李命基(推定),《风乎舞雩图》,18世纪,纸质淡彩,105cm×45cm,韩国(东垣2859)

图 3-16 尹德熙,《山水人物图》,18世纪,绸缎水墨,45.5cm×28.8cm,韩国(德寿3866)

草树木，暗示着当时的季节为春天，画中的曾点以手拄拐杖、头戴佩巾的自由自在的隐士形象出现。[①]另外，以观瀑图闻名至今的尹德熙（1685—1776）创作的《山水人物图》（图3-16）中也刻画有"舞雩风咏"的场景。[②]

"浴沂"描绘出明敏聪慧的先师孔子与豪放不羁的弟子曾点之间的对话，是记录一名真正的文人雅士所应具备的宽广心胸和风流韵雅的逸话，自古至今深受人们的喜爱。这也正是图解"浴沂"的故事人物画被大量制作的原因所在。

---

[①] 关于《风乎舞雩图》作者的论述参考张寅昔，《华山馆李命基绘画研究》，明知大学美术史学专业硕士学位论文，2007，59—61页。
[②] 最早指出该作品素材为"舞雩风咏"的论述参考慎民楔，《朝鲜时代孔子图像研究》，明知大学美术史学专业硕士学位论文，2016，68页。

# 4

## 孔子圣迹图与故事图

- 孔子一生的视觉化呈现及圣迹图的制作
- 韩国国内流传的圣迹图
- 座右铭——昭示中庸之美的容器

# 孔子一生的视觉化呈现及圣迹图的制作

仰慕称颂孔子的文人志士不断追求孔子形象的视觉化体现,因此有关孔子的画像不断被创作,孔子的生平事迹也被收录到《孔子世家》之中。首先,孔子画像的制作忠实地反映出其与众不同的身体特征,不同身份地位时期的服饰特征。其次,孔子作为世人景仰和崇敬的绝对存在,为了达到追忆他的目的,供奉孔子画像的制度应运而生,因此孔子画像被供奉在缅怀孔子的空间当中。追思孔子的仪式一般在孔子墓和杏坛附近的祠堂中举行。汉高祖刘邦(前247—前195)等历代帝王纷纷前往祠堂祭拜孔子。[1] 相传孔子画像出现的契机源于他的弟子子贡。传孔子殁后,众弟子相继离去,唯有子贡守墓六年。子贡为表达对先师

---

① 姜时定,《朝鲜时代圣贤图研究》,梨花女子大学美术史学专业硕士学位论文,2006,6页。

的思念之情，亲手制作出《孔子夫妇像》。

孔子形象的正式树立始于汉朝。通过张彦远编著的《历代名画记》可以得知，该时期孔子及其弟子的画像被用作仪式类和鉴戒类绘画当中。张彦远在此书中一方面强调绘画具备"国之鸿宝，理乱之纪纲"的政教功能，另一方面还提及蜀郡学堂的圣贤画像。蜀郡学堂由西汉汉武帝时期一位名为文翁之人所创立，后期由于火灾而被烧毁，之后于东汉末年汉献帝兴平元年重新修建。"东别创一石室，自为周公礼殿，其壁上图画上古盘、古李老等神，及历代帝王之像，梁上又画仲尼七十二弟子三皇以来名臣。"

众多的儒学学者面对供奉在孔子庙和大成殿的孔子画像，尊敬之情油然而生。孔子画像已经超越了其外表所呈现出来的人物外形特征，俨然已经成为能让人感受到其内在气息与气质的一种理想信念。开始正式制作孔子事迹图的契机源自圣迹图的出现。所谓圣迹图，可谓是一种孔子的画像传记，即用多个场景来刻画孔子的生平事迹。

与之前提及的孔子画像、孔子与弟子一并出现的行教像、"孔子见老子"画像相比，圣迹图出现的时机较晚。最早的《孔子圣迹图》传为元朝王振鹏所绘。虽然王振鹏所创作的圣迹图未能流传至今，但是收藏于韩国的金振汝圣迹图上写有明朝文人所作的跋文，由此可以确认王振鹏圣

迹图的存在。虽然无法准确得知王振鹏的圣迹图共由几章构成,但毋庸置疑的一点是它带给鉴赏者们无尽的感动。川蜀人士李廷贵曾高度夸赞王振鹏的圣迹图。他说道:"凤鸣于冈,麟出于野,鸢之飞兮,鱼之跃兮。是世间灵瑞并见,余于此卷亦云。"[1]

圣迹图的正式制作始于明朝。明朝诗人张楷(1398—1460)曾经发行木刻版与石刻版的《圣迹图》(1444,以下统称为张楷版)。张楷版《圣迹图》由二十九幅图片组成,选取《史记·孔子世家》中二十九个孔子事迹,配以他自己创作的赞诗。何廷瑞在张楷版基础上增加了九幅图,完成了三十八幅图的《圣迹图》(1497,以下统称为何廷瑞版)。在吉简王朱见浚(1456—1527)的积极支持下,在吉府(现长沙)发行了一版以何廷瑞版为基础的《孔子圣迹之图》(1506,以下统称为朱见浚版)。[2] 朱见浚版在何廷瑞版的基础上又新增了两幅,共计四十幅图片。偏长的画幅分为上下两段,整体采用上文下图的形式,即图画上端写

---

[1] 转引自赵善美,《关于孔子圣迹图》,《孔子圣迹图——从画中看孔子的一生》,成均馆大学博物馆,2009,159页。
[2] 《孔子圣迹之图》现收藏于哈佛大学博物馆,宽41厘米,长62厘米。Julia K. Murray, "Illustrations of The Life of Confucius: Their Evolution, Function and Significance in Late Ming China," *Artibus Asiae 57 nos 1-2*, 1997, p.88—89。吉简王朱见浚为明朝英宗朱祁镇的第七位庶子,封号为吉王,其母为靖庄安穆宸妃万氏。

有跋文，下端配有图片。上端跋文省略了相应的画题，配以赞文和诗句。

在为数众多的圣迹图当中，最为著名的当数明朝吴派画家仇英（1494？—1552？）绘画、1538年文徵明（1470—1559）题词的《圣迹图》（图4-1）。该图共分两卷，记录了孔子一生的三十九个场景。其中部分画题进行过修改，一些场景重新替换过。下面是印制在画册末端的文徵明的题词：

图4-1　仇英，《空中奏乐图》，1538，绸缎彩色，31.5cm×29 cm（《孔子圣迹图——从画中看孔子的一生》，成均馆大学博物馆，2009，31页）

> 吾吴人物之妙，仇实父为首推，即宋之周文矩刘松年不是过也。近项君子京徵，其绘圣迹图一卷，经营苦心，踰岁毕工，复示余书其事于后，装成再阅，并为识之，以见一时之胜云。①

继文徵明跋文之后，许初也通过书写跋文表达出对仇英出神入化般绘画技巧的高度称赞。"尼山致祷以及门人庐墓，凡有四十则。其间人物之俊雅，屋宇之精工，树石森秀，界画严整，莫不具备。"

此外还有由画师程起龙绘图、吴嘉谟木刻发行的《孔圣家语图》（以下统称为吴嘉谟版）（图4-2）。吴嘉谟版共计四十幅图画，形式上不同于朱见浚版的上文下图，而是采用图片与注释相分离，即1叶=1赞+1图的形式。其注释中包含题诗、简单的说明、吴嘉谟的附言等。吴嘉谟版内容中有引用张楷诗歌的部分，由此可以判定吴嘉谟在创作《孔圣家语图》时参照过张楷版的部分内容。

中国圣迹图的发展过程中呈现最显著变化的当数何出光版的一百一十二个场景的《圣迹图》（1592，以下统称

---

① 赵善美，《关于孔子圣迹图》，《孔子圣迹图——从画中看孔子的一生》，成均馆大学博物馆，2009，152—153页转引。

为何出光版)。据《曲阜县史》第三十卷《通编》的记载，何出光的圣迹图被雕刻于石头之上。时至今日，相传保存在山东曲阜孔庙中的何出光的《圣迹图》磨损十分严重。第一石上刻有"圣迹之图"的标题，第三到第八石上刻有相关的纪文，余下至第二十块石头上依次刻有一百一十二个场景。据推测，该圣迹图的画题应该是参照了《孔子世家》《孔子家语》《论语》所收录的相关内容。

图 4-2 吴嘉谟，《观周欹器》，《孔圣家语图》，1589，木刻，27cm，《中国古代版画丛刊》二编，第 3 辑，上海古籍出版社，新华书店上海发行所(150 页)

# 韩国国内流传的圣迹图

现在来考察一下在韩国国内流传的圣迹图。其中最具代表性的是收藏于韩国的金振汝的《圣迹图》和东垣李洪根（1900—1980）先生捐赠给韩国的《孔夫子圣迹图》（以下统称为东垣版）。金振汝版《圣迹图》是由十幅图画连接而成的长卷式形态。从构成上来看，金振汝版《圣迹图》中首先出现的是《俎豆礼容》（摆放祭器，学习礼节）（图4-3）的场景。之后依次是《子路问津》（派子路去渡口问路）、《退修诗书》（不求做官，专心编写《诗经》和《书经》）（图4-4）、《晏婴沮封》（晏婴阻止任用孔子）（图4-5）、《夹谷会齐》（在夹谷中会见齐王）（图4-6）、《灵公问阵》（卫灵公询问孔子阵法）（图4-7）、《问礼老聃》（向老聃问礼）、《适卫击磬》（去往卫国，演奏石磬）（图4-8）、《宋人伐木》（宋人砍伐孔子休憩的大树）（图4-9）、

《诛少正卯》（诛杀少正卯）（图4-10），图片末尾附有四章跋文。

书写跋文的是明朝四位著名的儒学学者兼书法家，分别是：詹希元（活动于14世纪中期）、徐有贞（1407—1472）、吴奕（1575—？）、宋燧（1369—1399）。跋文内容多为极力称赞元朝大画家王振鹏杰出细腻的绘画技巧，强调圣迹图的重要性。譬如，吴奕写道："自元朝至今百年有余，绸缎精美如初，此乃神灵庇佑。"宋燧在跋文中点明了王振鹏《圣迹图》的完成时期：

> 孤云（王振鹏）此卷人物生动、结构纡徐，设色清润，绝无画史。习乞具眼者珍之，来日百食僧繇道子单虚名为其所掩。广平宋燧仲珩甫识时辛酉年（1381）八月上旬①

宋燧的跋文完成于1381年。每幅图片中都留有折叠的痕迹。原为画帖本，后重新装裱成为卷轴。金振汝在最后一个场景《诛少正卯》的下端留下了"岁白龙玉崖子金振汝谨摸"的款识。这里的"岁白龙"指的是庚辰年，余下

---

① 转引自赵善美，《关于孔子圣迹图》，《孔子圣迹图——从画中看孔子的一生》，成均馆大学博物馆，2009，159页。

内容为"玉崖子金振汝谨为临摹"的意思。由此可以推断出该图完成时间应该为1700年。

接下来看一下东垣版的《孔夫子圣迹图》。《孔夫子圣迹图》是由五十五幅图片和四篇跋文组成的一部画册式作品。跋文中详细记述了该圣迹图的创作经过和用途。英祖十七年（1741）兵曹参判李益炡（1699—1782）在燕行途中获得一卷圣迹图并带回国。司书李箕彦（1697—1743）为了教育当时只有七岁的东宫皇太子（之后的思悼世子），进谏临摹该圣迹图。李箕彦虽然提议将描绘农桑生产的《农桑图》一同临摹，但英祖以已有农桑图为由，下令只临摹呈递上来的圣迹图。

翌年（1742）正月二十五日李箕彦在负责皇太子教育的世子侍讲院的引见时多次强调圣迹图的重要性。他指出，年幼的世子若能在读书闲暇翻看圣迹图，定能以此为鉴，领悟到诸多道理。出于教诲东宫皇太子的目的，他特命临摹燕行使李益炡从中国求得圣迹图，并放置于东宫，供皇太子阅览。依照李箕彦口述，这份用于教育皇太子的《孔夫子圣迹图》是一份超过一百幅图片的庞大资料。原先由上下两卷构成，后来上卷遗失，只有下卷传承了下来。那么，根据李箕彦谏言所临摹的圣迹图的原版是哪一版呢？赵善美教授指出，有关原版的线索可以从成均馆大学尊经

图 4-11　金振汝,《子路问津》,《圣迹图》, 绸缎彩色, 31.5cm×67.2cm（德寿 1397）

孔子圣迹图与故事图

阁收藏的《孔夫子圣迹图》和华城阙里祠收藏的《圣迹图》来寻找。这两份资料均以清朝吕圣符绘制上色的一百零五幅图为原版，分别于1901年和1904年从中国引进，然后又各自于1904年和1905年出版发行。吕圣符参照孔庙圣迹殿中石刻的《圣迹图》（1592）重新出版了《圣迹图》（1628）。以吕圣符版《圣迹图》为基础创作的华城阙里祠《圣迹图》为单色木刻版本，成均馆尊经阁的《孔夫子圣迹图》为彩色木刻版本。

然而以东垣版和以吕圣符版为范本制作的圣迹图在表达手法上存在些许的差异。接下来以《子路问津》为例来进行一下比较。前文所述中，长沮和桀溺两位隐士正在河边的田间除草，孔子经过时派子路前去询问渡口在何处。《子路问津》这幅图就是依据这个故事绘制而成的，正所谓"终古优闲在耦耕"。下面这段引文选自金振汝《圣迹图》中所收录的《子路问津》（图4-11）的跋文。

> 孔子去叶返乎蔡。长沮桀溺偶而耕。孔子过之，使子路问津焉。曰，滔滔者天下皆是也，而谁与易之。且尔与其从避人之士，岂若从避世之士哉。耕而不辍。
>
> 圣在济人，

周流不止。

隐在洁身，

潜藏不起。

仕兮止兮，各随其时。

沮兮溺兮，岂能如斯。

图4-12　作者不详，《子路问津》，《孔子圣迹图》，1742，纸质淡彩，33cm×54cm（东垣2177）

东垣版跋文与金振汝版《圣迹图》跋文，只有赞诗有所不同，其余部分几乎完全相同。接下来看一下图片（图4-12）。坐在车上的孔子眺望着远处的农田，长沮和桀溺在山坡对面的土地里赶着牛。子路站在坡上一边望着他俩，一边用手指向孔子。该图的主要人物和布局与大部分圣迹图类似。金振汝版和东垣版《子路问津》唯一的一点区别在于，金振汝版没有出现水岸部分，而东垣版则绘制出了水岸的景象。

由此可见，即使内容相同，不同版本的圣迹图也存在不同的表达形式。圣迹图不是以单纯的图片，而是以出版物的形式发行的，并成为广泛宣扬孔子事迹与教诲的重要教材。

## 座右铭——昭示中庸之美的容器

除了圣迹图,孔子事迹还被制作成独立的画题。其中最为著名的例子当数传授中庸之道的"孔子观欹器"。孔子与子路一道去参观鲁桓公庙,在那里发现一个倾斜的欹器,往里面倒上水试验了一番。发现这是一个"虚则欹,中则正,满则覆"的容器。孔子将这个容器放置到自己的右侧,当作判断诸事的标准,即"座右铭"。这是一个启迪中庸之道的故事。[1]

在东亚,"孔子观欹器"中出现的欹器成为众人的座右铭,告诫众人判断事物和事情时永远不要失去中心,要公正评判。欹器被广泛用于王室成员和士大夫阶层。3世纪魏国数学家刘徽曾为《鲁史欹器图一卷》撰写赞诗,由此可

---

[1] "孔子观欹器"的故事在《荀子》20、《宥坐》、《说苑》、《孔子家语》2、《三恕第九》、《汉诗外传》3、《淮南子》12、《道应训》等书中皆有记载。

以推断出欹器至少在3世纪前后被绘制成视觉化的图片。①唐朝诗人刘禹锡在《题欹器图》一诗中着重强调君臣之间的安定关系以及为人臣子的处世之道。苏轼（1037—1101）在《画车二首》一诗中对欹器图的构造进行了一番解释。②

没有人物，只刻画有器具的欹器图较之记录孔子事迹的《孔子观欹器图》出现得更早。其中发现于中国吐鲁番的《列圣戒训六屏鉴戒图》（六幅屏风）（图4-13）最具代表性。据推断，该作品为唐朝作品。第一幅屏风上画着一只空心的扑满（积攒零钱的储蓄罐）、荆条捆、线团，从第二幅到第五幅屏风上画着标记有"木人""石人""金人""玉人"的圣贤图，第六幅屏风上刻画有欹器。该屏风作品最大限度地呈现出中庸之道。

欹器和欹器图被中国皇室充分利用。宋仁宗于景祐二年（1035）在新设立的迩英阁御座前方摆放了欹器，而后在此讲解《尚书·无逸》。③曾经有一段时间，欹器图中

---

① 刘徽撰写赞文的《鲁史欹器图一卷》收录于《隋书》34、《旧唐书》47、《新唐书》59、《通志》66。但该文献的记录中没有阐明欹器图的具体形式。
② 刘禹锡，《题欹器图》，"秦国功成思税驾，晋臣名遂叹危机。无因上蔡牵黄犬，愿作丹徒一布衣"；苏轼，《苏轼诗全集》卷二十五，《画车二首》，"何人画此双轮车，便是当年欹器图。上易下难须审细，左提右契免疏虞"。
③ 《治平要览》110，宋《仁宗》。

图4-13　作者不详,《列圣戒训六屏鉴戒图》,六幅屏风,8世纪(推定),阿斯塔那古坟群216号坟后室(吐鲁番市)

没有出现孔子事迹的相关场景,只刻画有欹器。高丽后期的文臣李穑(1328—1396)曾留下了一首"欹器图来自戒,曲机斩去何伤。不使奇□来接目,此心元是虞唐"的古诗。欹器被用作座右铭,教诲人们端正身心举止。[1]

伴随着朝鲜王朝的建立,欹器图一直被朝鲜的王室人员所鉴赏。正如前文所示,1399年1月1日定宗对大臣们进贡的《无逸图》《历年图》《欹器图》给予了高度的赞许,

---

[1] 李穑,《牧隐诗稿》22,"汤有盘铭,太公衍之多矣,比之地名,盖益切矣,因作一首"。

孔子圣迹图与故事图　125

并将《欹器图》挂在墙上让大臣们欣赏。时任知经筵事李舒（1332—1410）推演了"虚则欹，满则覆"之理。[①]定宗适才即位，成石璘、李廷俌、崔有庆等人便各自献上《欹器图》《历年图》《无逸图》，是希望在王权动荡之时仓促登上王位的定宗能够开拓全新局面，树立君主的正确姿态，维系帝王之道的正统性。体谅臣下忠心的定宗于两日后的经筵之上将《欹器图》挂于墙上，欣赏过该图的李舒援引"满而不溢"之言，再次强调欹器的重要作用。[②]

定宗阅览《欹器图》和《无逸图》的逸事让人不禁浮想起宋仁宗在迩英阁摆放《无逸图》和欹器的情景。与此相似的场景在世宗年间也曾出现。1433年世宗在经筵之上讲解《性理大典》之时，御览了《豳风七月图》，体恤农事之苦的世宗下令作一首本国的七月诗。知申事安崇善（1392—1452）对欹器图的用途做了一番说明，建议一并创作一幅欹器图，对此世宗表示了同意。[③]如前所言，《无逸图》和《豳风七月图》是周公告知众人农桑艰辛，告诫避免陷入安逸的两幅图画，称得上是与《欹器图》相辅相成的作品。如此看来，世宗御览《豳风七月图》和制作《欹器图》与宋仁宗在迩英阁摆放欹器和《无逸图》是一脉相

---

① 《定宗实录》，定宗一年（1399）1月1日。
② 《定宗实录》，定宗一年（1399）1月3日。
③ 《世宗实录》，世宗十五年（1433）8月13日。

承的。虽然无法得知定宗阅览、安崇善示例的《欹器图》的形式究竟是如何的，但推测其画面应该是瓶口较大的容器被悬挂于支架之上的情景。

世宗经由安崇善得知了《欹器图》的效用，于是计划一并摆放《豳风七月图》和欹器，这项计划由钦敬阁来负责实施。钦敬阁负责上敬苍天、观测日月星辰动向，以帮助百姓从事农业生产。"钦敬"二字源自《尚书·虞书·尧典》中"乃命羲和，钦若昊天，历象日月星辰，敬授人时"这段话。钦敬阁水漏是利用水流使水车运行的水激动力式装置。该装置与1086年至1089年间中国建造的水运仪象台原理类似。①

天文学者金墩（1385—1440）所创作的《钦敬阁记》中有所记载，蒋英实奉世宗之命，于1438年在庆会楼东南方向修建了钦敬阁，制造出自动刻漏的玉漏。在钦敬阁内部竖起七尺高的纸张，修建成高约一点五米的立体假山，内部放置机轮，利用玉漏水使之敲击。换言之，钦敬阁内部如同山中溪流在流淌，五色祥云依山环绕，每间隔一段时间木头人偶敲击木鱼移动现身。而欹器与豳风七月则是这样摆放的：

---

① 朴相南，《朝鲜朝宫阙建筑的儒家美学研究：以景福宫为中心》，成均馆大学儒学专业硕士学位论文，2009，77页。

午位之前。又有台。台上置欹器。器北。有官人。执金瓶以注之。用漏之余水。源源不绝。虚则欹，中则正，满则覆。皆如古训。又山之东则作春三月之景。南则夏三月之景。秋冬亦然。依豳风之图。刻木为人物，禽兽，草木之形。按其节候而布之。七月一篇之事。无不备具。阁名曰钦敬。取尧典钦若昊天。敬授民时之义也。

而又用漏之余水。作欹器。以观天道盈虚之理。山之四方。陈豳风。以见民生稼穑之艰。此则又前代所无之美意也。于以常接乎左右。每警于宸虑。亦寓夫忧勤宵旰之节。岂但成汤沐浴之盘。武王户牖之铭而已哉。其法天顺时钦敬之意。至矣尽矣。而爱民重农仁厚之德。当与周家并美。而传于无穷矣。[①]

世宗命令在纸质假山左右摆放欹器和《豳风七月图》，并同时对二者进行欣赏。有人认为警诫虚满的欹器、告知不同节气农业生产艰辛的《豳风七月图》似乎还具备其他内涵。然而世宗坚信欹器和《豳风七月图》是体谅农民辛劳，能给期待太平盛世的君主提出警醒的座右铭。欹器的

---

① 徐居正撰，《东文选》82，《金墩钦敬阁记》。

构造与水碓类似，因此常被当作农业生产工具，用于在田间地头的浇水灌溉。这或许就是深谙农耕重要性的世宗同时欣赏欹器和《豳风七月图》的真正意图吧。

文史官员在欣赏欹器和《欹器图》的同时，努力告诫自身不要忘记中庸美德。孙舜孝（1427—1497）在洁净的房间中挂置欹器图进行鉴赏。申钦（1566—1628）一边追忆外祖父秋坡宋麒寿（1507—1581），一边回忆外祖父的绝世之交郭珣的一段往事：郭珣对子孙满堂感到欣喜之余，时常告诫自身不要失去谦逊的品格，出于自警的目的，常去观赏欹器鼎铭的图片。[①]

综上所述，在朝鲜王室欹器和欹器图是告诫君主、以正君统的座右铭。士大夫官僚也将其视为中庸之道的象征物。

欹器和欹器图逐渐演变成为刻画孔子事迹的《孔子观欹器图》。这种变化随着《孔子观欹器图》被收录到孔子圣迹图中而变得更为显著。1444年张楷版二十九图圣迹图以及1497年何廷瑞版三十八图圣迹图中都没有出现欹器图。由此可以推断，欹器图是在16世纪之后才被收录进圣迹图的。据调查结果显示，最早的欹器图出现于朱见浚版《孔

---

[①] 《海东杂录·本朝》"孙舜孝"；申钦，《象村先生集》28，《右参赞宋公神道碑铭》。

子圣迹之图》。

朱见浚版在何廷瑞版三十八图的基础上增加了两幅，共计四十幅图。新增的两幅图描绘的是孔子访问鲁国祠堂，观赏欹器的场景。朱见浚版将孔子的这个事迹分为两个版面来刻画，将展现器物的欹器图和故事的讲述部分区分开来。朱见浚版的第十五幅图片（图4-14）上没有出现任何人物，只出现了倾斜、平稳、倾倒的三个容器被悬挂在一个方形的木头支架上。这是一幅纯粹地描画事物的图片，也是朱见浚版中唯一一幅省略人物形象的图片。第十六幅图片（图4-15）是一幅故事人物画，画中的孔子在与子路交谈，其他一行人等也一并亮相。

综上所述，朱见浚版中将孔子的同一个事迹分为故事人物画和器物画两幅图画。但是在之后发行的圣迹图中"孔子观欹器"全都压缩成为一幅图片。吴嘉谟版的圣迹图中也收录有"孔子观欹器"。吴嘉谟版与朱见浚版相比最大的不同之处在于，前者将孔子事迹以画题的形式目录化，并引入了"孔子观欹器"一图的故事表述。朱见浚版中分为器物画和故事人物画的孔子事迹被吴嘉谟压缩成了一幅，即观看周朝欹器的《观周欹器》，并添加了"观赏周朝欹器"这一具体的画题。

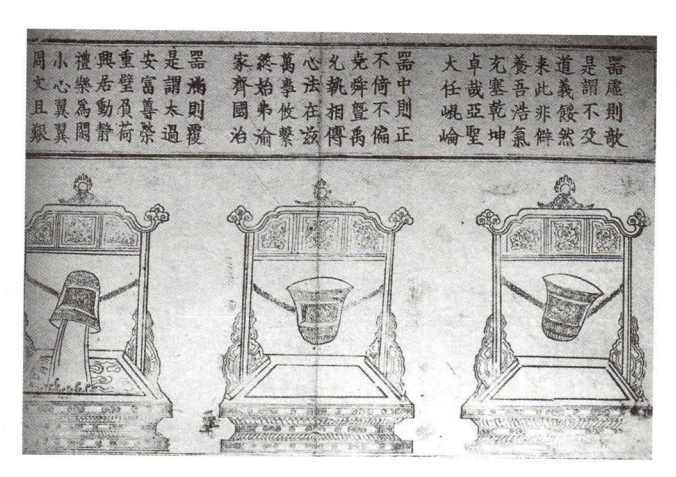

图 4-14 《欹器图》,《孔子圣迹之图》,1506,木刻,纸质黑墨,41cm×62cm,吉府版本,哈佛大学博物馆

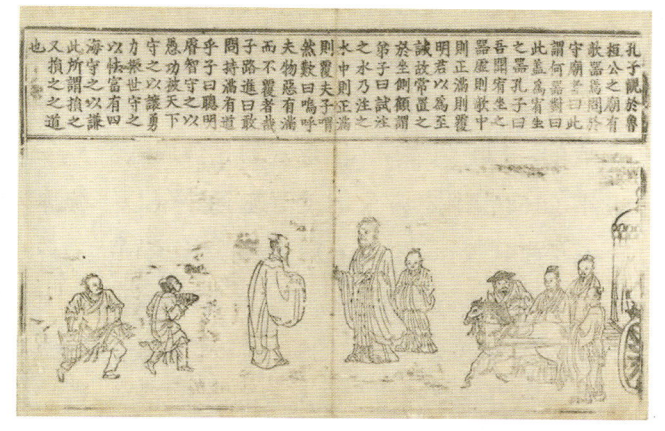

图 4-15 《孔子故事图》,《孔子圣迹之图》,1506,木刻,纸质黑墨,41cm×62cm,吉府版本,哈佛大学博物馆

《观周欹器》这幅图主要描绘了头戴幞头、身着深衣的孔子与子路一同欣赏悬挂在木头支架上的三个欹器的情景。虽然图中刻画了倾斜、水平、倾覆的三个欹器,但是这三个欹器都被固定在同一个架子上。但该图的问题在于《观周欹器》的画题之上。如上所述,孔子是在鲁桓公之庙发现欹器的,吴嘉谟版的画题中却写到"观周欹器"。由此可以推断,这可能是在发行圣迹图时,刻画孔子事迹的数十张图片在编辑的过程中出现了一些偏误。

那么吴嘉谟版中所收录的"孔子观欹器"的形象来自哪里呢?元朝学者陈旅(1288—1343)所编辑的《安雅堂集》十三卷中收录有《跋孔子观欹器图》。由此可以推断出至少是在14世纪上半叶"孔子欹器图"开始被单独制作成为画题。因此吴嘉谟版《观周欹器》极有可能不是以圣迹图为模板,而是以独立的《孔子观欹器图》为基础雕刻而成的。1叶=1赞+1图形式的《观周欹器》在康熙二十五年(1686)附带序文的《圣迹全图》(以下统称为康熙二十五年序刊版)(图4-16)、清朝藏书家顾沅(1799—1851)所编纂的《圣迹图》(以下统称为顾沅版)(图4-17)中也有所发现。这三部作品的赞文与赞诗几乎完全相同,其中康熙二十五年序刊版与顾沅版的内容完全一致。只是顾沅版中将背景完全省略,图片正面是悬挂有三个欹器的

木头支架。①

图4-16 《观周欹器》,《圣迹全图》,康熙二十五年（1686），序、木刻、纸质黑墨，30cm×19cm，北京大学图书馆［竹村则行，《拓袭〈圣迹全图〉（康熙二十五年序刊本）的清末顾沅的〈圣迹图〉》,《文学研究》111，九州大学大学院人文科学研究院，2014，p.50］

图4-17 顾沅,《观周欹器》,《圣迹图》，木刻，纸质黑墨，30cm×19cm，北京大学图书馆［竹村则行，《拓袭〈圣迹全图〉（康熙二十五年序刊本）的清末顾沅的〈圣迹图〉》,《文学研究》111，九州大学大学院人文科学研究院，2014，p.50］

## 明朝万历二十年（1592）何出光雕刻在石头上的圣迹

---

① 竹村则行，《拓袭〈圣迹全图〉（康熙二十五年序刊本）的清末顾沅的〈圣迹图〉》,《文学研究》111，九州大学大学院人文科学研究院，2014，37—66页。

图中也包含有"孔子观欹器"。何出光的石刻版圣迹图中共计一百一十二个画题,其中"孔子观欹器"位列第十八个画题,题为《观器论道》,即"观赏欹器,谈论道理"。另外,影印收录在《孔孟圣迹图鉴》中的清朝石刻拓本《大成至圣文宣先师周流之图》(图4–18)中也出现了《观器论道》。这两部作品均为侧面展开的长幅画卷,图画与题跋同时呈现。这一点与之前所提到的1叶=1赞+1图的形式有所不同。

如今在韩国流传的圣迹图中,一百零五幅图片全部保留下来、1904年版本的华城阙里祠木刻版《圣迹图》(以下统称为阙里祠版)中就收录有《观器论道》(图4–19)一图。阙里祠版圣迹图与1742年创作完成的东垣版形式一致,因此可以推断东垣版中也可能包含有《观器论道》一图。阙里祠版中《观器论道》一图为侧向展开的长幅画卷,除建筑物之外,还描绘了周边风景,但出现的欹器不是三个,只出现了一个保持水平状态的欹器,另外还写有画题。图片右侧上端所标记的画题内容如下:

孔子观鲁桓公之庙有欹器焉,曰吾闻虚则欹,中则正,满则覆,明君以为至戒。谓弟子注水试之,信然,叹曰夫物恶有满而不覆者哉。子路进曰敢问

图 4-18 《大成至圣文宣先师周流之图》,《孔孟圣迹图鉴》,纸质黑墨(《孔子圣迹图——从画中看孔子的一生》,成均馆大学博物馆,2009,157 页)

图 4-19 《观器论道》,《圣迹图》,1904,木刻,纸质黑墨,31cm×69cm,华城阙里祠(《孔子圣迹图——从画中看孔子的一生》,成均馆大学博物馆,2009,235 页)

持满有道乎,曰满而损之又损可也。

由此可见,《观器论道》中孔子观察欹器、领悟道理的过程是以叙事性手法进行表达的。之后孔子的该事迹作为具备教育意义的视觉化图片,通过圣迹图得以广泛流传。

"孔子观欹器"同样被收录在《养正图解》当中。《养正图解》是明朝学者焦竑(1540—1620)为教诲光宗(泰昌帝)朱常洛(1582—1620)于万历年间编写的图书,书中收录有堪称史上典范的帝王事迹,并配以图片,进行了翔实的解释说明。该书辑录自周文王以来的圣君、圣贤、名相、忠臣共计六十篇训诫故事及图片,从性质上看属于帝王学教材。1704年身为谢恩使书状官的李彦经(1653—1710)出使燕京之后,从中国带回了《养正图解》并进献给了王室。之后《养正图解》被制作成为小册子,被广泛用于世子侍讲院的讲学。[1]

"孔子观欹器"以《欹器示戒》的画题出现在《养正图解》的第十七个场景当中。《欹器示戒》(图4-20)中孔子

---

[1] 有关《养正图解》的全部内容参考刘美那,《以中国诗文为主题的朝鲜后期书画合璧帖研究》,东国大学美术史学专业博士学位论文,2005,104—143页;金永旭,《刻画历代帝王故事的朝鲜后期王室鉴戒画》,《美术史学》28,韩国美术史教育协会,2014,228—231页。

和子路一同观望着摆放在四角桌上的欹器。与其他作品不同的是，《欹器示戒》中的欹器不是摆放在室内，而是摆放在室外，并且图中只刻画了一个欹器。

孔子博物馆收藏的《孔子观欹器图》（图4–21）中也收录有"孔子观欹器"。据推断，这幅图为明朝时期作品。该图为卷轴形式，上端抄有《孔子家语·三恕第九》中的部分内容，下端刻画有"孔子观欹器"的事迹。画面中央是悬挂有三个欹器的支架，以及在支架前方谈论的四位圣贤。看到这幅图片，让人不禁联想起吴嘉谟版圣迹图的景象。①

图4–20 焦竑，《欹器示戒》，《养正图解》（江苏古籍出版社，1988，65）

另外，收藏于韩国翰林大学博物馆中的《孔子观欹器图》（图4–22）中同样誊有《孔子家语·三恕第九》的内

---

① 翰林大学博物馆，《越过山海关和玄海滩——韩中日知识分子的交游》，翰林大学博物馆，2012，99页。

孔子觀於魯桓公之廟有敧器焉問於守廟者此謂何器曰此蓋為宥坐之器孔子曰吾聞宥坐之器虛則欹中則正滿則覆明君以為至誠置之於坐側顧謂弟子試注水焉乃注之水中則正滿則覆夫子喟然歎曰吁惡有滿而不覆者哉子路進曰敢問持滿有道乎子曰聰明睿智守之以愚功被天下守之以讓勇力振世守之以怯富有四海守之以謙所謂損之又損之之道也

图 4-21. 作者不详,《孔子观欹器图》绸缎彩色 99.5cm×59cm 山东省曲阜孔子博物馆（*Confucius* p.55）

對曰此為宥坐之器虛則欹中則正滿則覆吾對
曰然孔子使子路取水而試之滿則覆中則正欹
唱然嘆曰吁惡有滿而不覆者哉子路曰敢問持滿有道
乎孔子曰持滿之道益而損之子路曰損之有道乎孔
子曰高而能下滿而能虛富而能儉貴而能卑智而能
愚勇而能怯辨而能訥博而能淺明而能闇是謂損而
不極能行此道唯至德者及之易曰不損而益之故損
自損而終故是故聰明睿智守之以愚功被天下
守之以讓勇力振世守之以怯富有四海守之以謙
此所謂損之又損之之道

昔天明六年歲在丙午初秋

後學懶齋阮榮盥手讚香謹書

图 4-22 作者不详，《孔子观欹器图》，纸质彩色，100.8cm×39.6cm，翰林大学博物馆

容。该作品与孔子博物馆所藏的《孔子观欹器图》有诸多相似之处。作品画题的末尾处写有"时天明六年，岁在丙午初秋，后学懒斋阮粲盥手焚香谨书"的字样，书写跋文的懒斋阮粲据推测可能是江户时代的文人。但是有关该作品的国籍以及具体的创作时间，还需要进一步更加翔实的考证。

在日本也流传有多幅《孔子观欹器图》。日本战国时期的雪村周继（1504—1589）和禅僧周杨、江户时代的高嵩谷（1730—1804）等人都创作有孔子观欹器图。但上述作品中只呈现出孔子、子路和文人们观赏欹器的场景，没有额外书写的画题和赞文。另外，安土桃山时代和江户时代的《孔子观欹器图》被制作成屏风式样，是一种金色打底，再用原色简单勾勒出故事内容的室内装饰用图画。[①]

朝鲜也保存有《孔子观欹器图》（图4-23），该图收录在以金弘道画风绘制而成的十幅故事图当中。这十幅故事图的主人公据推测可能是孔子、吴融（850—903）、王诜（1036—1104）、米芾（1051—1107）、苏轼、袁桷（1266—1327）、倪瓒（1301—1374）等人。上述风流人士

---

① 有关雪村周继和周杨作品的论述参考山田烈，《雪村笔孔子观欹器图小考》，《东北艺术工科大学纪要》15，2008。

图 4-23 作者不详,《孔子观欹器图》, 绢缎彩色, 128cm×32.7cm (德寿 4520)

在画中的奢华庭院当中赏玩书画古董、谈笑自若。《孔子观欹器图》的上端书写有以下题跋文：

> 孔子观于周庙，有欹器焉，以水试之。虚则欹，中则正，满则覆。孔子顾谓弟子曰，呜呼，乌有满而不覆者乎。①

孔子故事图的正面构图中出现的是倾斜、平稳、倾覆的三个欹器悬挂于四角形支架之上的情景，支架前方分别刻画有相互交谈的孔子和子路。

综上所述，孔子故事图一般是作为训诫类教材被编辑在圣迹图或《养正图解》中，或者是被收录在用于宣传道统思想的圣贤故事集当中。在这十幅描绘风流故事和独特逸事，完全没有时代相关性的故事人物画当中，《孔子观欹器图》作为一部独立的作品出现在其中。在此作品群中，看似毫不相关的著名人物们聚合在同一个画面当中，不仅涵盖了丰富的故事类型，同时展现出了文人志士们超越时空局限、与众不同的生活面貌。《孔子观欹器图》不仅表现出欹器这一独特器具以及孔子的事迹，还充分体现出故

---

① 画题中出现的"周庙"一词可以证明该图的作者参照过吴嘉谟版《圣迹图》。（脱草、翻译：金蔡植先生）

事人物画的艺术特征。鉴赏者们通过观赏圣贤事迹,感知并接受到鉴戒和教诲的信息,与此同时还能够一同分享和憧憬画中主人公的独特事迹和风流人生。因此,被融合到故事人物画系列当中的《孔子观欹器图》不仅作为座右铭来教诲众人,还是一幅鉴赏学习孔子杰出事迹的叙事性人物画。

# 5

## 儒家学者，追随孔子的思想与事迹

- 孔子称谓及孔子庙的发展
- 道统的确立与视觉化
- 尹斗绪与蔡龙臣创作的道统圣贤图
- 宋朝学者的融合及郑敾的故事图册
- 朱子图——嫡统的人物形象

# 孔子称谓及孔子庙的发展

在中国历史的长河中,历代王朝对儒学的接纳和运用呈现出不同的样态,并且各个时代对孔子的称谓也有所不同。自春秋时代起,孔子被尊崇为圣人。继承了孔子思想的孟子说过,"孔子,圣之时者也","自有生民以来,未有孔子也",他将孔子高度评价为最符合时代要求的伟大圣人。[①]汉朝时将先圣周公与先师孔子统称为"圣师"。然而魏晋时期又被替换成为"孔子·颜回"。南北朝的北魏时期为"尧·舜·禹·周公·孔子",南朝时期为"周公·孔子",北朝时期为"孔子·颜回"。大致归纳一下,

---

① 《孟子·公孙丑上》,"昔者子贡问于孔子曰,夫子圣矣乎?孔子曰,圣则吾不能,我学不厌而教不倦也";《孟子·万章下》,"孟子曰:伯夷,圣之清者也。伊尹,圣之任者也。柳下惠,圣之和者也。孔子,圣之时者也"。转引自朴美罗,《孔子庙祭祀中的孔子位相问题》,《东洋古典研究》53,东洋古典研究会,2013,117—119页。

南北朝时期的孔子称谓大致分为"周公·孔子"和"孔子·颜回"两个分支。

唐朝时随着皇帝的更迭，与孔子相提并论的人物屡屡发生变化。624年（武德七年）分别将周公和孔子推崇为先圣和先师，并为他们举行释奠大典。所谓释奠大典是指在祠堂或学校内举行的祭拜先圣先师的仪式。628年（贞观二年）根据房玄龄（578—648）与朱子奢（？—641）的建议将周公罢师，将孔子尊称为先圣，颜回按照先师配享。666年（乾封元年）孔子升格为太师。太师在周朝是辅佐君主的最高官职。尊称孔子为太师意味着将孔子视为身居最高职位的、具备至高荣誉的大臣。之后依据开元令，废除周公的尊称，统一称为"孔子·颜回"，同时还确定了十哲（闵损、冉耕、冉雍、宰予、端木赐、冉求、仲由、言偃、卜商、颛孙师）与七十二弟子的从祀。

739年（开元二十七年）孔子终于步入帝王位阶。唐玄宗授予孔子"文宣王"的谥号。《旧唐书》中记载："夫子既称先圣，可谥曰文宣王……众弟子授予公侯爵位。"即授予孔子"文宣王"谥号，孔子的弟子公侯爵位。这就意味着孔子的地位从大臣转换成为君主。虽然各个朝代对孔子的称谓不断改变，但是唐玄宗年间所确定的文宣王称谓成为最基本的称谓，并一直延续到明朝。宋真宗时期称呼孔

子为"至圣文宣王",元成宗(1265—1307)在位时的1307年(大德十一年)称呼孔子为"大成至圣文宣王"。随着称谓的变化,孔子的地位也在逐步提升。

将孔子推崇为"文宣王",实际上是将孔子的地位提升至与君主齐平。统治者之所以将孔子与君主一视同仁,是出于以孔子之道为根基、实施强有力统治的政治意图。进入明朝之后,孔子崇拜进一步强化,祭孔大典更为盛大。然而嘉靖帝明世宗(朱厚熜,1507—1567)九年(1530)时有人提出,由于孔子不是帝王,因此应该将其归入诸侯序列,称为"至圣先师孔子"。提出该建议的人是大臣张璁,他认为祭奠孔子扰乱朝纲,应当将孔子的称谓由"大成至圣文宣王"改为"至圣先师",应该视孔子为圣人或者师长,而不是国君。孔子"至圣先师"的称谓一直延续到清朝。1645年(顺治二年)改为"大成至圣文宣先师",1657年(顺治十四年)又改为"至圣先师",至此再未使用"文宣王"的称谓。[1]

伴随着孔子地位的变化,祭祀场所及其内部摆放的图画等物件也随之改变。祭孔仪式一般是在孔子庙中举行。孔子庙中摆放有孔子及其弟子,以及其他儒学学者牌位,是一座体现道统体系的祠堂式建筑。汉朝时就有了在孔

---

[1] 金容宪,《朝鲜性理学,知识权力的诞生》,PHRONESIS,2010,298页。

庙中举行祭孔大典的相关记录。孔子庙中举行的孔子祭祀历经多次变革。东汉时期周公和孔子一同祭祀，到了魏朝，颜回开始享配，唐太宗时期废除周公祭祀，尊奉孔子为主神。祭祀场所也在不断变化，由起初的孔子故里曲阜阙里，中间转至太学，后又转移至其他地点。

汉朝的孔子庙中只供奉有牌位。南北朝时期装饰有雕像和画像。739年（开元二十七年）随着"文宣王"谥号的赐予，孔子庙的配置得以确立。以往孔子庙中的周公为南向，孔子被安排在西墙下方。唐太宗贞观年间废除周公之祀，孔子之位保持原样未动。之后在二京国子监等地将孔子安置于南向位，颜回享配。[①] 如此一来，唐玄宗时期所确立的孔子庙释奠大典中周公祭祀被完全废除，孔子的位相愈加巩固。当时的孔子庙之中排列有颜回等十哲的坐像和曾参的塑像（泥塑），四周墙壁上悬挂有九十二人的肖像，被尊称为"文宣王"的孔子身着皇帝的冕服。

伴随着宋朝朱子学的确立，一种新的从祀形式开始出现，即孔子及四圣的配享与宋朝圣贤的从享共同进行。这

---

① 《旧唐书·礼乐志》，转引自朴美罗，《孔子庙祭祀中的孔子位相问题》，《东洋古典研究》53，东洋古典研究会，2013，122页。

种从祀形式是在13世纪从朱子开始的。①释奠大典历经元朝，一直持续到明朝初期。但是在1530年孔子的称谓由"大成至圣文宣王"改为"至圣先师"，大成殿改为孔子庙。1382年（洪武十五年）曾经有一段时间木主（木头牌位）升级为塑像，孔子雕像身着天子冕服，但是之后又重新被替换成为木主，塑像与壁画也都一并被撤除了。②清朝时虽然"文宣王"的称谓被废除了，但是重新修建了大成殿，在大成殿举行释奠大典。

那么韩国的孔子庙是从哪个时期开始建立的呢？虽然无法考证确切时期，但据推测可能是三国时代随着儒学的引入、大学的成立而开始修建的。《三国史记》中出现了"孔子庙堂大舍录事"的官职，书中记录有"圣德王十六年守忠赴唐带回文宣王、十哲、七十二弟子画像呈给皇上，放置于大学"。由此可以确认至少从新罗圣德王十六年（717）开始在韩国就出现了孔子庙。③高丽时代孔子被称作"至圣文宣王"或"大成至圣文宣王"，这是唐玄宗

---

① 明末清初学者顾炎武（1613—1682）编撰的《日知录》中有所记载，宋朝圣贤从祀始于1267年，四圣配享始于1241年。参考杉原拓哉，《关于狩野山雪笔历圣大儒像》，《美术史研究》30，早稻田大学美术史学会，1992，96页。
② 尹周弼，《东亚文明圈的孔子形象与认知》，《民族文化研究》61，高丽大学民族文化研究院，2013，218页。
③ 金容宪，《朝鲜性理学，知识权力的诞生》，PHRONESIS，2010，300页。

时期所确定的孔子尊称。据《高丽史》记载,成宗(960—997)二年,即983年,时任博士任成老从宋朝引入《太庙堂图》《社稷堂图》《文宣王庙图》各一幅,《祭器图》《七十二贤赞记》各一卷,一并放置于国子监。显宗(992—1031)十一年,即1020年崔志远被安排孔子庙从祀,11世纪初期王室设立孔子庙,举行祭孔仪式。[①]宣宗(1049—1094)八年(1091)九月礼部下令于国学墙上绘制"七十二贤",其位次(位阶顺序)依照宋朝国子监所编撰的顺序,服饰效仿十哲。除孔子像之外,还一同刻画有七十二弟子的画像。

关于孔子像的创制,有一位人物值得关注,他就是率先在韩国国内介绍朱子学的安珦(1243—1306)。安珦于1289年11月陪同国王与公主(元朝公主,当时的高丽王后)一同赴元,亲自摘抄朱子书籍,描画孔朱画像,并于翌年回国。安珦十分重视孔子和朱子的学术体系,重新修建了国学的大成殿,派遣博士金文鼎前往元朝去寻求刻画有孔子及弟子的画像——《先圣十哲像》,摆放在孔子庙中的祭器、乐器、"六经"、"四书"、朱子书等。从上述记录中可以得知,高丽时代不仅建有孔子庙,供奉孔子肖像的传统也开始确立。当时供奉的不仅有孔子肖像,还有孔子塑像。然而进入朝鲜时代之后,曾经有一个时期,供奉在孔子

---

① 《三国史记》8,《新罗本记》8,"圣德王——金守忠从唐返回"。

庙中的孔子像被看作神佛之像，由牌位代替了孔子像。宋朝部分儒学家曾主张应当取消孔子祭祀中的肖像和雕像，使用神灵和牌位。朝鲜16世纪的祭孔仪式深受宋朝儒学家的上述影响，自此朝鲜孔子庙中对孔子形象的重视及崇拜逐步走向衰退。尽管如此，仍有部分地区的孔子庙将供奉孔子像的传统给传承了下来。

现在韩国国内最具代表性的孔子庙是位于首尔明伦洞的成均馆孔子庙，另外在首尔以外的其他地方还保留有二百三十余处孔子庙。孔子庙兼具培养儒学人才的讲学功能和供奉圣贤的祭祀功能。现如今的成均馆孔子庙分为大成殿这一祭祀空间和明伦堂这一讲学空间。其中成均馆大成殿中供奉有包括孔子在内的三十九名圣贤，这三十九名圣贤分别是：孔子、四圣、十哲、宋朝的六贤、韩国的十八贤（薛聪、崔志远、安裕、郑梦周、金宏弼、郑汝昌、赵光祖、李彦迪、李滉、金麟厚、李珥、成浑、金长生、赵宪、金集、宋时烈、宋浚吉、朴世采）。[①]

《大成至圣文宣王殿座图》（以下统称为殿座图）（图5-1）这幅作品能够让人联想起位次严格有序的孔子庙。关于这幅作品的创作时期、作者、被收藏于韩国国内的理由等，不同的学者有着不同的见解。但是该作品以孔子为中

---

① 金容宪，《朝鲜性理学，知识权力的诞生》，PHRONESIS，2010，305页。

图 5-1 作者不详,《大成至圣文宣王殿座图》,绸缎彩色,170cm×65cm,绍修博物馆

心刻画有七十二弟子和唐宋元明等朝代儒学学者这一点毫无异议。孔子像上端写有"大成至圣文宣王殿",其余人物像上方悬挂有四方形的红色牌子,上面用金泥标记有封号,由此能够准确得知各自的姓名。孔子为主享,四圣为配享,十哲为从享,七十二弟子分别位于东庑(孔子庙东侧建筑)和西庑从祀。孔子视线停留的对面庭院当中落座有唐宋元朝的十位儒家学者。

该图的人物配置完全遵从了孔子庙中东庑和西庑的供奉位次,甚至画面左右两侧所刻画的桧树和松树就如同缩小版的孔子庙一般。以孔子为代表的九十余名人物全部佩戴冕旒冠。尤其是为了凸显孔子圣玄的特性,画中的孔子面色黝黑、五官硕大、口露白牙。黄色裙装搭配饰有华丽金箔的黑色上衣。然而孔子服饰上没有出现十二章纹(天子服饰上添加的十二种纹样)的纹样。总而言之,《殿座图》是以图画形式阐明大成殿所有位次的孔子庙从祀图。

如此看来,供奉在孔子庙中的圣贤牌位配置充分体现出道统之序列。孔子庙作为供奉文宣王的祠堂,其从祀和牌位陈设的标准会根据孔子之道的实现程度进行区分。然而该问题不仅仅是学问和真理的传承问题,它还如实地反映出政治倾向和权力结构所具备的"力量"制衡。

# 道统的确立与视觉化

## 人名图说

纵览朝鲜时代的文集，普遍存在有言及或重评孔子思想体系、学术成果、生平事迹的相关记录。另外，纵观整个朝鲜时代，以图画形式来表现孔子一生事迹的故事图得以持续不断地制作。除了孔子，人们对孔子弟子、孟子，以及宋朝圣贤的尊敬和尊崇趋于普遍化，以他们为对象所制作的肖像画和故事图备受当时文人的喜爱。一般说来，尊崇孔子及孔子学问的圣贤多半只是欣赏单幅的孔子肖像画而已，但当时还制作有集合多人肖像画的装帖画册或者屏风。这样做的目的是传承儒学传统，是将道统体系刻意视觉化的体现。

所谓道统是指儒学之道传承下来所形成的体系，是宋朝之后登场的新儒学派为了维护道教、佛教、其他流派儒

教的正统性而构建的。众所周知,"道统"一词是由宋朝新儒学集大成者——朱子首先提出来的。[①] 道统的传承以学问传承的方式加以系统化。道统的视觉化作品不仅是家族或党派对儒学的解释,同时也是对政治立场的一种申述。中宗反正之后,在政治上迅速崛起的士林派构建起朝鲜性理学的正统体系。由此,士林的师友、朋友等关系获得合理性,用于支撑他们逻辑性的知识权力得以全新树立。[②]

所谓图说,是对孔子庙所树立的道统体系进行图解的一种形式。用儒学者姓名将儒道正脉图像化的人名图说是标记儒教学脉的重要视觉化产物。宋朝的熊节编著、熊刚大注解的《性理群书》中收录了周敦颐、张载(1020—1077)、司马光、程颢(1032—1085)、程颐、朱子等宋朝儒学家的文章,为了增进对他们学脉和学统的理解,书中还一并收录有人名图说(图5-2)。这份图说将人名图说的功能和作用发挥到了极致。由此可以得知,儒教图说的正式制作始于宋朝理学时期,并且图说的制作传统历经明清两朝,一直延续到了现代。

---

[①] 金荣斗,《朝鲜前期道统论的展开与孔子庙从祀》,西江大学史学专业博士学位论文,2005,1—2页。

[②] 郑万朝,《朝鲜时代朋党论的展开及其性质》,《朝鲜后期党争的综合性探讨》,韩国精神文化研究院,1992,103页。

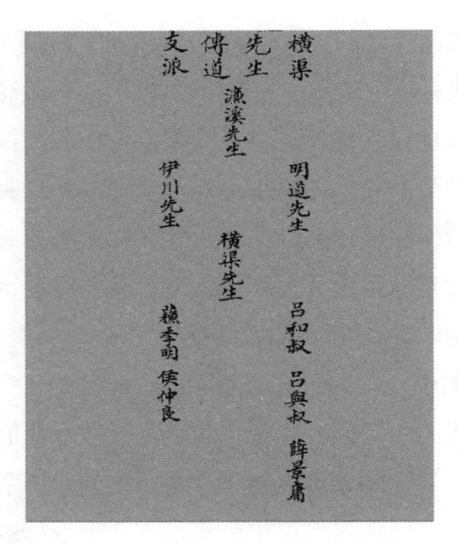

图 5-2 《新编性理群书句解》，26.7cm×17.2cm

  韩国的许多学者都曾以图说的形式来阐述他们的学术见解和学术成果。人名图说中出现的人物及其顺序体现出朝鲜性理学者所认知的道统体系和学术传统。尤其是人名图说还对后人制作圣贤故事图产生了影响。因为圣贤故事图的画题甄别及排列顺序都严格遵循人名图说的样式。直到朝鲜中期，人名图说一直体现出王统与圣统（王室的血统或体系）。然而从朝鲜后期开始，只体现学术传统的人名图说的示例大量涌现出来。

  16 世纪的文人兼官吏张显光（1554—1637）借用人名

图说阐释了学脉与道统。在儒学和周易学方面有着高深造诣的张显光在《宇宙要括帖》与《易学图说》中使用《传统帖》（图5-3）、《道统之图》（图5-4）等图说的形式解析了道学脉络。①《传统帖》中指出，道统始于天皇、地皇、人皇及伏羲，止于朱子（朱熹）。《道统之图》的人名体系较之《传统帖》更加详细复杂，将邵雍、张载、程颐、程颢并列成为与朱子同时代的人物，详细阐述了始于天地人皇、伏羲，止于朱子的道学体系。

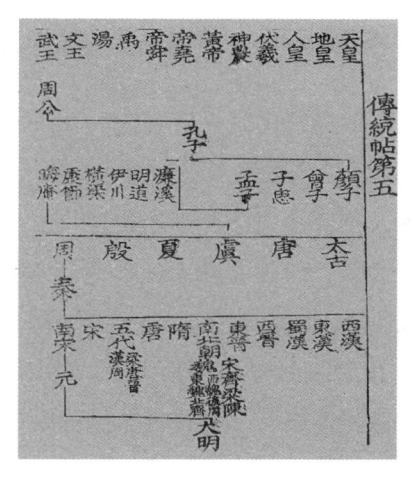

图5-3　张显光，《传统帖》，《宇宙要括帖》(《旅轩先生续集》5)

---

① 张显光，《旅轩先生续集》5，《宇宙要括帖·传统帖卷五》；张显光，《旅轩先生文集》8，《易学图说·道统之图》。

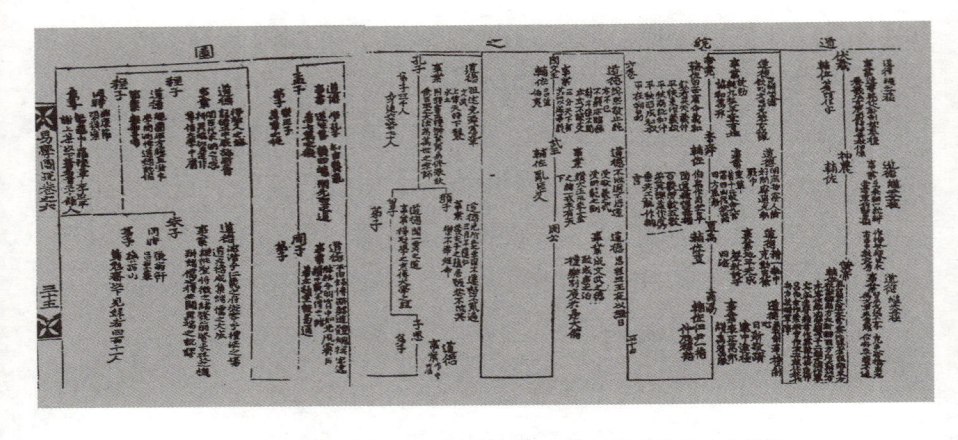

图 5-4　张显光,《道统之图》,《易学图说》6 (《旅轩先生续集》)

　　用人名标记的道统体系一般划分为孔子之前和孔子之后两个阶段。孔子之前的帝尧、帝舜、夏禹、商汤、文王、武王、周公等人物皆是内圣外王的典型。由孔子全新开创的道统终结于孟子,但其体系绵延不绝,最终被周敦颐重振生机。周敦颐开创的道学由他的门生程颐、程颢、张载、邵雍传承下去,最终由朱子集其大成。终于孟子的道统,重新由周敦颐恢复生机,之后再传承给程颐的这一图示源自朱子所撰写的《伊洛渊源录》一书,书中朱子作为程颐哲学的继承者,对前辈儒学家们的生平传记进行了整理。

　　1737 年,二十六岁的朝鲜后期文人安鼎福(1712—1791)将刻画有历代帝王的治统图、描绘有圣贤体系的道

统图进行了区分制作。治统图呈现了从上古时代至明清时期的帝王体系。而道统图则是"首揭周子易图,以明道之所本。继之以羲农黄帝尧舜孔孟。以至于濂洛圣贤、元明诸儒,皆分其正统旁统,亦为上下图"[①]。其中颇有兴味的一点是孔子和尧舜没有归入治统图,而是被划分到了道统图中。

---

① 参考安鼎福,《顺庵集》,《顺庵先生年谱》。

# 尹斗绪与蔡龙臣创作的道统圣贤图

在圣贤的肖像画和故事人物画中也发现有类似于人名图说的表现形式。朝鲜学者李万敷（1664—1732）收藏有明朝的圣贤图——《五贤图》，他在文章中对此有所阐述。《五贤图》先是由退溪文人卢守慎（1515—1590）收藏，后又传承给卢守慎的第四代子孙卢玄寿。[①]《五贤图》一图中共出现了五位圣贤，周敦颐坐在画面中央，其右侧站立有程颢和张载，左侧站立有程颐和朱熹。或许是李万敷颇为喜好圣贤肖像的缘故，他甚至还亲手临摹过《十圣贤像》。李万敷的父亲李沃（1641—1698）在《画像赞》中指出，

---

① 李万敷，《息山集》20，《五贤图识》，"濂溪先生中坐，明道先生东，而横渠先生次之，伊川先生西，而晦庵先生次之，夫两程既受诀濂翁，横渠于两程……此图，归不佞曰，此吾先祖所敬守者，子宜奉之书楼，终归吾之云仍也。盖公长孙玄寿从余游。"李万敷所收藏的《五贤图》的相关研究和《五贤图识》的译文参考朴恩顺，《恭斋尹斗绪——朝鲜后期儒士绘画的先驱者》，石枕出版社，2010，181—182页。

他的儿子李万敷从"自夫子下止朱先生"的圣贤中选取十位，创作出《君臣图像帖》。李沃还忠告儿子"吾谓以目瞻圣贤颜范，不若以心体圣贤训辞"，教育儿子对圣贤的教诲一定要铭记于心。① 除了李万敷，朝鲜时代还有许多学者或临摹或创作圣贤画册。

相较图说和故事人物画，肖像形式的圣贤图在传达儒学体系方面表现得更为直接。因此当时的诸多文人会在书房壁龛处悬挂圣贤肖像画，"朝夕相望，仰慕敬爱，左右小心，恭敬有加"。尹斗绪（1668—1715）应叔丈李衡祥（1653—1733）之邀所绘制的《五圣图》也属于肖像形式的圣贤图。李衡祥在1706年夏天卸任灵光郡守之后，前往荣川，建造了浩然亭，全身心地投入培养后代人才和著书立说之中。《五圣图》创作于李衡祥去往荣川之后。②

李衡祥曾拜托尹斗绪绘制箕子、周公、孔子、晏子、朱子的肖像。尹斗绪完成肖像画之后，即刻安置于壁龛之上，焚香祭拜。尹斗绪还指出："我闻江陵有夫子庙，海州有清声祠，爱其名而尊其地者。余寓永

---

① 参考李沃，《博泉集》4，《敬书十圣贤画像赞说后序》，"近取君臣画像帖，拈十圣贤像上，自夫子下止朱先生，摹成一帖……吾谓以目瞻圣贤颜范，不若以心体圣贤训辞"。
② 参考车美爱，《恭斋尹斗绪一家的绘画研究》，弘益大学美术史专业博士学位论文，2010，263—268页。

川之城皋，是概音同于巩洛。"朱子也曾经在自己的书房临摹古代圣人的画像，并早晚行礼敬拜。[1]李衡祥模仿朱子的做法，将自己的书房按照孔子庙的样式进行了布置。他希望这样做能够领悟圣贤道学，紧随他们之后成为构建道统之道的一分子。因此悬挂有圣贤图的李衡祥的书房与"每日举行焚香祭拜仪式"的大成殿毫无二致。而他的这种祭拜行为是另一种意义上的孔子庙配享，昭示着肖像形式的圣贤图也具备从祀功能。

始于周公的道统体系在尹斗绪创作的《十二圣贤画像帖》中也有所体现。尹斗绪应叔丈之邀完成《五圣图帖》之后的几个月，又再次应李潜所托创作完成了《十二圣贤画像帖》。[2]尹斗绪的这两部作品同样都省略了王统的内容，只呈现出圣人的道统部分。尹斗绪分别用四幅画面刻画出了周公、孔子、颜回、曾参、孟子、邵雍、程颐、程颢、朱子、黄干（1152—1221）、蔡沈（1167—1230）等人物形象。李漵（1681—1763）为《十二圣贤画像帖》书写了序

---

[1] 车美爱，《恭斋尹斗绪一家的绘画研究》，弘益大学美术史专业博士学位论文，2010，367页。

[2] 有关尹斗绪《十二圣贤画像帖》和《五贤图帖》的论述参考朴恩顺，《恭斋尹斗绪——朝鲜后期儒士绘画的先驱者》，石枕出版社，2010，179—184页；车美爱，《恭斋尹斗绪一家的绘画研究》，弘益大学美术史专业博士学位论文，2010，357—391页。

文。序文的起始部分如下：

> 道在天地间。亘万古而悠久。历千圣而同辙。然时有汙隆。行不行系焉。故圣如周公。其遇于世何如也。

随后李瀷称赞了周公的伟大圣德，并提到了孔子。认为孔子与周公之意相互融合才形成了道统。其后又言及孟子。他引用孟子所言的"由文王至于孔子，五百有余岁"，强调指出："由尧舜至文武其事达。由周公至朱子其心苦……微斯吾其左衽而横生矣。"李瀷在接下来写道：

> 呜呼。德卲者难名。恩大者不报。故海涵地负。终莫知其所以然也。今六经文字。无人不读。浅者得其言。深者得其心。得其心而其人可得。犹以为未至也。于是思得绘像而羹墙焉。此是帖之所以作也。[1]

正如李瀷在序文中所指出的一样，《十二圣贤画像帖》

---

[1] 韩国国立中央博物馆编写，《朝鲜时代人物画Ⅰ》，韩国国立中央博物馆，2015，258—259页。

不同于《五圣图帖》，《十二圣贤画像帖》中不仅刻画出每位圣贤的肖像，还揭示出他们之间的师承关系。作者认为用文字不足以表现的部分，采用肖像的形式来进一步表达对圣贤的敬仰和对学脉的夸示。朝鲜后期的圣贤故事帖中暗自反映出儒学家的道统体系，《十二圣贤画像帖》就是其中的一个有力证据。

这幅画册的第一个场景刻画的是周公（图5-5）。画中的周公将鞋子放置在托架之上，以障屏为背景，拱手姿势安坐于平床之上。周边的桌子上摆放有长刀、短刀、包裹在包袱中的圆盒等物。第二个场面刻画的是孔子和他的弟子颜回、子由和曾参[1]（图5-6）。画中的孔子背靠屏风，坐于讲坛之上，孔子右侧站立着颜回和子由，左侧坐有曾参。孔子头戴方巾，身着衣、中段、裳，腰间系带。颜回头戴小冠，子由与曾参头戴缁布冠，三人的服饰与孔子相同。独自高坐在讲坛上的孔子不是慈祥的师长，而是具备森严权威的领导者；位于讲坛之下的门徒不是渴求知识的学生，而是坚决拥护领导者的服从者。

邵雍与孟子肖像一同出现在第三幅图中（图5-7）。李瀷在序文中写道："邵程三子拱立瞻仰于孟子真（肖像），

---

[1] 画面左侧写有李瀷的赞文。李瀷，《星湖全集》48，《十二圣贤画像帖赞》，"凤逝麟废，道寄方策，孰确而传，曾以鲁得，彼回暨偃，右侍左尚，呜乎先师，俨若遗像，第二赞"。

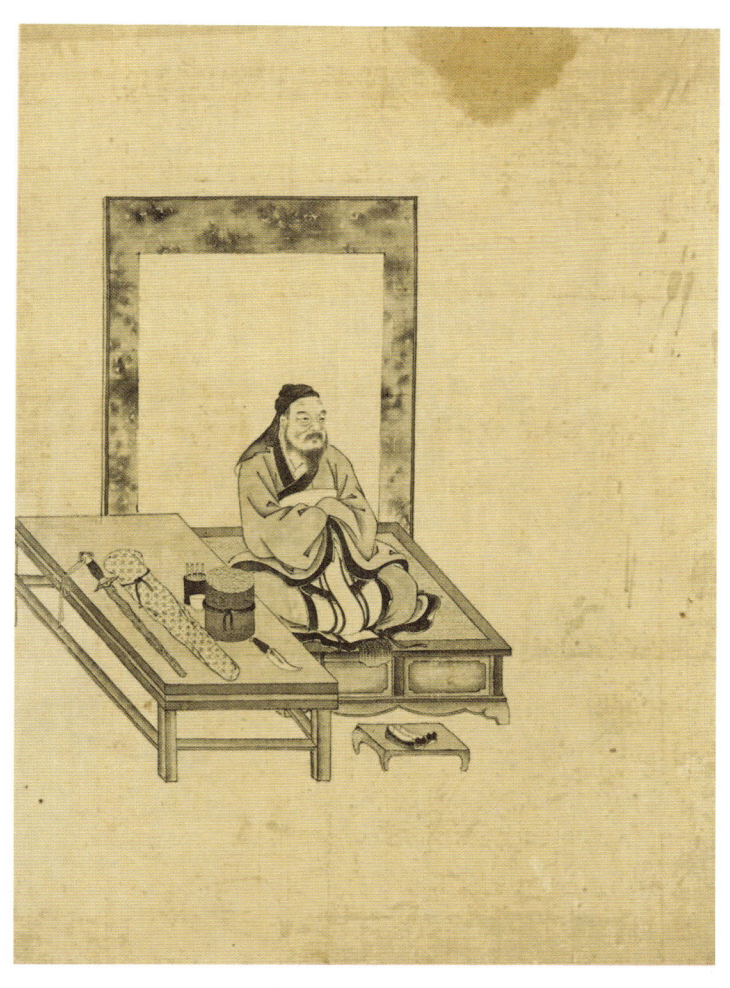

图 5-5 尹斗绪,《周公》,《十二圣贤画像帖》, 1706, 纸质水墨, 43cm×31.2cm(德寿 2787)

图 5-6　尹斗绪,《孔子、颜回、子由、曾参》,《十二圣贤画像帖》

图 5-7　尹斗绪,《孟子、邵雍、程颐、程颢》,《十二圣贤画像帖》
图 5-8　尹斗绪,《朱子、黄干、蔡沈》,《十二圣贤画像帖》

合为一幅。"画中的孟子、邵雍、程颢、程颐是在临摹《三才图会》的基础上完成的。孟子的形象是以挂在墙上的卷轴肖像画的形式呈现的,三名学者并肩站在孟子肖像面前,一边欣赏,一边交谈。最后的第四幅图画刻画的是朱子及其弟子的情景(图 5-8)。朱子坐在交椅之上,弟子黄干和蔡沈站立一旁,透过圆形窗户可以眺望到一株竹子。朱子的视线朝向左侧,朱子的交椅上铺有一块虎皮。尹斗绪以圣贤图的形式将道统体系图片化、系统化,同时也是儒教秩序和严格学统次序的一种视觉化表现。

图 5-9　作者不详，《箕子肖像》，绸缎彩色，27cm×14cm，东亚大学石堂博物馆

图 5-10　作者不详，《朱子肖像》，绸缎彩色，26cm×15.4cm，（东亚大学石堂博物馆

　　收藏于韩国东亚大学石堂博物馆的圣贤肖像（以下统称为石堂版）中也存在以肖像形式来表现道统体系的作品。如前所言，除了头戴司寇冠的《孔子肖像》之外，石堂博物馆中还收藏有与孔子肖像大小类似的《箕子肖像》（图

5-9)和《朱子肖像》(图 5-10),以及大小上超越孔子肖像的《宋时烈肖像》。根据推测,上述作品与《诸葛亮像》皆为 19 世纪阐明道统体系的肖像画,作者也为同一人。这一系列作品全部以亮丽的色彩绘制在绸缎上,画面上端写有宋时烈后人宋来熙撰写的赞文。

尤其是《宋时烈肖像》中的宋时烈一身学者打扮,身着深衣,头戴方巾。现存的二十余幅宋时烈肖像画中无一官服装扮,全都以儒者服饰出现。宋时烈生前曾身居政丞高位,但他从不制作官服,要么借别人的来穿,要么就是喜好身着所谓朱子之服的深衣。宋时烈自己还定制过深衣装扮的肖像画,以此来体现敬奉孔子和朱子的儒学家姿态。因此宋时烈的儒服肖像呈现出来的不是高官显爵的形象,而是德高望重的隐士中的领袖、朱子学的笃定传承者的形象。

石堂版《宋时烈肖像》(图 5-11)与收藏于堤川黄江影堂中身着深衣、头戴方巾的《宋时烈肖像》(图 5-12)最为相似。黄江影堂所藏的肖像画是 18 世纪作品,极致地体现出宋时烈对儒教的尊崇。该画先由金昌业(1658—1721)完成初稿,之后由画师上色后完成。石堂版《宋时烈肖像》在人物皮肤色彩中加入了大量的白色,眉毛处多运用浓墨线条,胡须处多采用胡粉线条。画幅的左右两端如同被裁

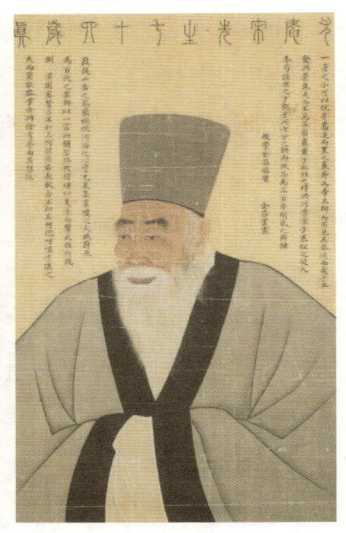

图 5-11　作者不详,《宋时烈肖像》, 绸缎彩色, 54.5cm×33.5cm, 东亚大学石堂博物馆

图 5-12　金昌业,《宋时烈肖像》, 绸缎彩色, 92.5cm×62cm（安东权氏门中花川君派编,《肖像画的秘密》, 2011, 图 54）

剪过一般, 余白处非常狭窄, 且余白处密密麻麻地写满了宋来熙的赞词。总而言之, 石堂版圣贤肖像不仅呈现出宋时烈所尊敬的儒学家, 还是一幅体现孔子、箕子、朱子儒学学问体系的道统之图。

　　开化期著名的肖像画家蔡龙臣也曾经创作过圣贤肖像画。苍岩朴晚焕（1849—1926）在井邑建造的瀛洲精舍瀛阳司中所供奉的圣贤肖像画就是蔡龙臣的作品, 该肖像画

中刻画有孔子、箕子、孟子、朱子、晏子、曾子、子思、邵康节（邵雍）、周濂溪（周敦颐）、张横渠（张载）、程明道（程颢）、程伊川（程颐）。①朴晚焕身为井邑的富农，曾经官至义禁府都事和参礼察访。在日本殖民统治时期，朴晚焕与他的儿子金遯朴升圭共同筹措抗日运动资金，为恢复国权付出了诸多努力。朴晚焕于1903年建造了瀛洲精舍讲堂，1909年建造了瀛阳司祠堂，之后他向蔡龙臣定制供奉于瀛阳司的圣贤

图5-13 蔡龙臣，《孔子肖像》，1908—1909，绸缎彩色，井邑瀛洲精舍（国立全州博物馆编，《石芝蔡龙臣——以笔现人》，国立全州博物馆，2011，70页）

---

① 瀛阳司所供奉的十二圣贤画像现已失传，只能通过写真图版得以确认。包括孔子在内的十二圣贤画像的相关研究成果可参考《石芝蔡龙臣——以笔现人》，国立全州博物馆，2011，70—71页。

图。①瀛阳司西面一房间内供奉有箕子画像，东面两房间内以孔子为主享，晏子、曾子、子思、孟子为配享，周敦颐、程颢、程颐、张载、邵雍、朱子为从享。除箕子之外，余下的十一名圣贤皆是经常出现在道统之图和人名图说中的人物。图说中时常被省略的箕子像出现在尹斗绪的《五圣图》和瀛阳司西面的房间中，由此可以推断出箕子崇拜思想自朝鲜后期开始逐步扩散。②

十二圣贤肖像画中刻画比例最大的人物当数孔子（图5-13）。孔子头戴司寇冠，是唯一一位正对经床、正面安坐的人物。孔子面庞与服饰褶皱处强化出阴影的表达效果，流露出自然流畅的立体感。蔡龙臣在刻画孔子形象时刻意摒除了孔子固有的耳重肩、唇露齿、头圩顶等形象特征，最终在其画笔下刻画出来的孔子是一位身着儒服、慈祥有加的学者形象。

体现道统体系的儒学人物画像，除了肖像的形式之外，还有故事人物画和圣贤遗迹图等形式。根据《退溪集》《晦堂集》《旅轩集》等文献的记载，孔子及其弟子、北宋圣贤和朱子的事迹被合并成长帖，然后制作成为表现儒学

---

① 慎民楔，《朝鲜时代孔子图像研究》，明知大学美术史学专业硕士学位论文，2016，102页。
② 刘美那，《朝鲜时代对箕子的认知及箕子遗像》，《讲座美术史》44，韩国佛教美术史学会，2015，235—236页。

体系的故事人物屏风。1539年秋季申元禄（1516—1576）祖上文康公所持有的八幅画的画题，以及张显光为金烋（1597—1638）儿子万雄所创作的画题中包含有名扬天下的尧舜二帝、著名宰相周公、政治家兼思想家孔子以及宋朝的五位性理学家。

申元禄与张显光的作品中共存在八个相同的画题，分别是："帝尧茅茨土阶"（尧帝的茅草屋顶与泥土台阶）、"帝舜南薰殿弹琴"（于南薰殿弹奏五弦琴的舜帝）、"周公坐而待朝"（周公坐等天明）、"孔子杏坛授受"（孔子于杏坛教授弟子）、"周濂溪庭草交翠"（周敦颐庭院中杂草丛生、草色青青）、"程明道傍花随柳"（程颢春日依倚花草柳树而游乐）、"邵康节安乐窝"（邵雍的安乐窝）、"朱晦庵武夷精舍"（朱子的武夷精舍）。没有留下实物、只留下相关记录的这部作品与张显光的《传统帖》《道统之图》有着异曲同工之妙，即皆为同时再现王统与圣统的"绘画图说"。因为该画中人物皆为图说中道统的传承者，并且故事图的长帖构成与图说中所标记的人名顺序完全一致。

从画题来看，帝尧、周敦颐、邵雍、朱子表现的是各自居住的宅院，即圣贤的遗迹；舜帝与周公为人物坐像；孔子与程颢分别是弟子讲学和徜徉庭院的事迹。另外，周敦颐的故事中直接引用《六先生画像赞》中的"风月无边，庭草交翠"。有关《六先生画像赞》的内容，将在后文做详细的阐述。以《六先生画像赞》为基础所创作的《周濂溪庭草交翠》折射出周敦颐的人品与气概，这一点与其他故事人物画册作家经常选用的"濂溪爱莲"的主题有所不同。之所以选取"庭草交翠"的主题，是因为与享受自然的事迹相比，作者更想体现的是周敦颐所拥有的高风亮节。

# 宋朝学者的融合及郑敾的故事图册

人名图说的视觉化作品当中,不乏将孔子和宋朝六位学者的事迹共同呈现的画册和屏风。所谓的北宋六贤指的是周敦颐、程颢、程颐、张载、邵雍、司马光六人。朱子以北宋时期形成的性理学理论为根基创建了自己特有的哲学体系,为了阐释传承周敦颐、张载、程颢、程颐思想的这一全新体系,朱子开创了道统论。为验证自身的理论,朱子在欣赏周敦颐、张载、司马光、程颢、程颐、邵雍的肖像之余,创作了《六先生画像赞》。其全文如下:[①]

**濂溪先生**

道丧千载,

---

[①] 朱子,《朱子全书》66,《六先生画像赞》;周世鹏,《竹溪志》5、《杂录》"六先生画像赞"朱熹。译文参考古典翻译院网站。

圣远言湮。
不有先觉,
孰开后人?
书不尽言,
图不尽意。
风月无边,
庭草交翠。

**明道先生**
扬休山立,
玉色金声。
元气之会,
浑然天成。
瑞日祥云,
和风甘雨。
龙德正中,
厥施斯普。

**伊川先生**
规员矩方,
绳直准平。

允矣君子,
展也大成!
布帛之文,
菽粟之味。
知德者希,
孰识其贵?

**康节先生**
天挺人豪,
英迈盖世。
驾风鞭霆,
历览无际。
手探月窟,
足蹑天根。
闲中今古,
醉里乾坤。

**横渠先生**
蚤悦孙吴,
晚逃佛老。
勇撤皋比,

一变至道。
精思力践,
妙契疾书。
订顽之训,
示我广居。

**涑水先生**
笃学力行,
清修苦节。
有德有言,
有功有烈。
深衣大带,
张拱徐趋。
遗像凛然,
可肃薄夫!

　　《六先生画像赞》讲述的是宋朝六位学者所领悟到的性理学道理和道学成果。六贤的人格魅力作为象征的典范在朝鲜时代立足并得到了广泛的传播。朝鲜的知识分子几乎没有可能亲眼看到朱子当时所欣赏的宋朝六位学者的肖像,《六先生画像赞》中的文句却成为朝鲜文人心目中的六

贤范本，经常被摘引创作有关六贤的诗歌或者文句。譬如，周世鹏（1495—1554）的《六贤歌》就是在《六先生画像赞》章节的基础上创作完成的，用来歌颂程颐、张载、邵雍、司马光的高才绝学和人格魅力。另外，金昌协（1651—1708）回忆起元朝性理学家欧阳玄（1283—1357）曾经称赞许鲁斋（许衡，1209—1281）可以与六贤比肩，于是金昌协在自己的作品中排除了程颢，着重突出了北宋五贤和朱子的存在感。金昌协在书中写道："淳笃似司马君实（司马光），刚果似张子厚（张载），光霁似周茂叔（周敦颐），英迈似邵尧夫（邵雍），穷理致知、择善固执似程叔子（程颐）、朱元晦（朱熹）。"虽然朱子所谓的六贤与朝鲜文士所组成的六贤在人物上有所差异，但其中所涉及的人物无一不是文德出众的宋朝性理学家。

《六先生画像赞》经常被引用来评价六贤或评论肖像画，但是作为故事人物画的画题几乎没有被引用过。引用《六先生画像赞》来描述六贤形象的作品有申钦的《壁上五贤图》。这幅作品刻画出邵雍、疏广、陶渊明（365—427）、戴逵（？—395）、王徽之（？—388）等人物。申钦在欣赏邵雍画像时，引用了朱子的文章"手探月窟，足蹑天根"。[1]

---

[1] 申钦，《象村集》20，"疏恬陶节共峥嵘，戴逸王清亦性情，千古人豪，邵夫子，天根月窟任闲行"。

六贤故事图的画题多选用圣贤独特的习惯、奇特的举止和事迹，以及曾经居住过的处所。比如说讲述邵雍神奇法力的"天津杜鹃"的故事；司马光等待喜好坐小车的邵雍却久待不至，因此推测邵雍正在洛阳赏花的"花外小车"逸事；即使是在深夜也要在灯下正襟危坐的"百源整襟"的故事；邵雍的居所被称为"安乐窝"的故事等。① 讲述程颐事迹时主要选用前往四川涪州流配途中发生的"涪江风涛"、象征师生之间严格文道的"程门立雪"。讲述程颢事迹时多选用盛年时赴任陕西鄠县主簿时所作的《春日偶成》中"傍花随柳"的故事。② 另外，经常会用《濂溪爱莲》的典故来描述写有《爱莲说》的周敦颐。

　　《六先生画像赞》并没有被用作隐世与闲情、脱俗与审美的故事人物画的题材，由此可以得知朝鲜文人珍藏六贤故事图的真正缘由。朝鲜文人认为，面对六贤故事图，比起感知僵硬刻板的道统道理和学术原理，他们更想效仿在道统和学术方面皆有建树的圣贤所拥有的自由人生和高尚品格。

---

① 有关朝鲜后期邵雍故事图的相关研究参考宋憙瞛，《朝鲜后期邵雍故事图的类型和象征》，《石堂论丛》49，东亚大学石堂学术院，2011，55—90 页。

② 有关程颐、程颢故事人物画的画题参考宋憙瞛，《郑敾创作的程颢·程颐故事人物画》，《东方学》20，韩瑞大学东洋古典研究所，2011，240—275 页。

在朝鲜社会的这种背景之下,孔子与宋朝圣贤被制作成肖像画,供奉在阙里祠中。朝鲜时代共有两处阙里祠,其中的一处位于鲁城,修建于1716年。当初宋时烈有意修建鲁城阙里祠,但未能如愿,抱憾离世。之后宋时烈的弟子权尚夏(1641—1721)等人在鲁城山下的阙里村(现阙里村西侧)建造了阙里祠。翌年,开始供奉孔子画像,将孔子像与宋朝六贤像移置于此。以白描手法绘制在纸张之上的孔子坐像下方共有六位人物,人物旁边写有各自的号,分别是"东莱""晦庵""龟山""涑水""伊川""象山",他们分别是活跃于宋朝的圣贤——吕祖谦(1137—1181)、朱子、杨时(1053—1135)、司马光、程颐、陆九渊(1139—1193)。[1]根据慎民樸的研究,《鲁城阙里志·本祠事迹》中本记载有张载和程颢的名字,即原来鲁山阙里祠共供奉有八位宋朝圣贤,但是流传至今的圣贤画像破损严重,已无法辨认。

这里所说的孔子与宋朝八贤的画像组合,属于前文所述的道统圣贤图,与人名图说一脉相承。朝鲜后期绘制孔子和宋朝六贤故事图数量最多的当数郑敾(1676—1759)。郑敾一生留下了多幅刻画儒学家事迹的长帖作品,其中包

---

[1] 鲁城阙里祠收藏的孔子像的详细考证参考慎民樸,《朝鲜时代孔子图像研究》,明知大学美术史学专业硕士学位论文,2016,81—95页。

括右学文化财团收藏的《谦斋画册》(以下统称为右学版)(图5-14至图5-21)、倭馆修道院收藏的《画册》(以下统称为倭馆版)、个人收藏的《画册》、三星美术馆Leeum收藏的《七先生诗画册》等。倭馆版《画册》中收录有《杏坛鼓瑟图》等记录儒学家和圣贤事迹的图片。个人收藏的《画册》中刻画有周敦颐、程颢、司马光、邵雍、张载。右学版《谦斋画册》中在北宋六贤的基础上又添加了朱子和李侗（1093—1163）二人。《七先生诗画册》则是记载了周敦颐、邵雍、程颐、程颢、张载、朱子以及朝鲜时代性理学家李滉的事迹。[①]

在18世纪之前几乎没有专门绘制宋朝圣贤的故事长帖，由此可以将郑敾的宋朝圣贤故事册认作他的绘画成就之一。郑敾的圣贤故事册也表明宋朝六贤已在孔子庙配享的事实。位于成均馆的孔子庙是供奉道统核心人物孔子的祠堂。孔子庙从祀是一项十分重要的祭祀仪式，它决定着并正式宣告政治立场和道统学术宗旨。因此只有对道学实践和发展做出突出贡献的圣贤才配享孔子庙。孔子庙是能

---

① 关于郑敾圣贤故事册的研究参考赵仁秀，《郑敾的〈谦斋画〉画册中以故事人物为主题的绘画》，《丹豪文化研究》13，龙仁大学传统文化研究所，2010，108—131页；丁暻淑，《谦斋郑敾（1676—1759）的〈七先生诗画册〉研究》，《人文科学研究论丛》37，明知大学人文科学研究所，2016，359—394页。

够鲜明体现朝鲜文人学术体系和权力版图的场所。孔子庙中包含有宋朝六贤这件事实，实际上证明了朝鲜儒学学者对这六位性理学家的认知已经产生了改变。[①]

郑敾虽然固守道统，但是在他的作品中并没有将圣贤刻画成为严苛死板的领导者或统治者形象，反而是以寄居于自然之中、乐享道学的处士姿态示人。郑敾的故事人物画多以清秀优美的山水为背景，着以清新淡雅的色彩。譬如，右学版《傍花随柳》是一幅山水人物画，画中一位头戴四方巾、手拄拐杖的老者在柳树下散步，并驻步回头张望。画中故事的动作及神态与《芥子园画传》中的人物形象极其相似，这种风格在郑敾的其他作品中也有所体现。换言之，假若略去图片中"傍花随柳"这一画题，估计很难准确判断出这是一幅程颢的故事人物图。如果说前文所提及的尹斗绪将圣贤作为从祀与尊敬的对象，那么郑敾则是将圣贤高士的"故事或事迹"视为欣赏的对象。因此郑敾所描绘的圣贤不仅是儒学理念的传承者，还是实现了风流乐道梦想的脱俗隐士。

---

[①] 金荣斗，《孔子庙与孔子庙从祀》，《儒士文化》10，南冥学研究院，2011，5页。

图 5-14　郑敾，《濂溪赏莲》，《谦斋画册》，绸缎水墨淡彩，30.3cm×20.3cm，右学文化财团

图 5-15　郑敾，《傍花随柳》，《谦斋画册》，绸缎水墨淡彩，30.3cm×20.3cm，右学文化财团

图 5-16　郑敾,《涪江风涛》,《谦斋画册》,绸缎水墨淡彩,30.3cm×20.3cm,右学文化财团

图 5-17　郑敾,《花外小车》,《谦斋画册》,绸缎水墨淡彩,30.3cm×20.3cm,右学文化财团

图 5-18　郑敾,《横渠咏蕉》,《谦斋画册》,绸缎水墨淡彩,30.3cm×20.3cm,右学文化财团

图 5-19　郑敾,《温公乐园》,《谦斋画册》,绸缎水墨淡彩,30.3cm×20.3cm,右学文化财团

图 5-20　郑敾,《武夷棹歌》,《谦斋画册》,绸缎水墨淡彩,30.3cm×20.3cm,右学文化财团

图 5-21　郑敾,《柘轩蚕农》,《谦斋画册》,绸缎水墨淡彩,30.3cm×20.3cm,右学文化财团

郑敾的另一部帖装作品《七先生诗画册》（图5-22至图5-28）与之前所分析的郑敾作品有所不同，里面收录有宋朝圣贤周敦颐、邵雍、程颢、程颐、张载的故事图，朱子的"武夷棹歌"（《武夷九曲图》），以及朝鲜中期李滉的《陶山图》。[①] 从画册的构成来看，首先有两幅画面为红色纸张，上面用行书写有《画七先生诗意》的字样。其次，五幅画上分别刻画有北宋时期五位圣贤所创作的诗歌及故事图。再次，还有十幅画是朱子创作的十首《武夷棹歌》和图解诗歌的山水画。最后，李滉的诗作《濯缨潭》和《陶山图》各占一幅。

将《画七先生诗意□》一文进行脱草处理后如下。由于字体剥落严重，导致其中的部分文字无法辨识。（无法辨识的文字用□表示。）

**画七先生诗意□**

我观谦斋画多□□精妙得意者，盖鲜矣，文章固有神，丹青独无神乎，吾知谦斋以当代第一名，画画古第一名贤周程张邵朱李七先生诗意，也宜其

---

[①] 有关郑敾《七先生诗画册》的研究参考石附启子，《郑敾笔七先生诗画帖》，《国华》1423，朝日新闻社，2014，39—43页；丁暎淑，《谦斋郑敾（1676—1759）的〈七先生诗画册〉研究》，《人文科学研究论丛》37，明知大学人文科学研究所，2016，359—394页。

心与神，融会鼓舞，自不觉其天机流动，造化不能秘□□也。噫异哉，可敬可玩，余独怪夫今世好画为尚，自卿相而韦布，无不有藏，有能尽于粉墨之外者，裦衣博带，矩步而绳趋，不问可知，为学圣贤，而夷考其私，或□不相符，是非能画周程张朱于粉墨之外者□□，胸中虚静，自有真意，与天地同流，不息其气象，虽有龙眠□画，其髣髴而不能也。噫世之人，能好其能画，而不能好其不能画者，何多也。宜乎一天下作虚画世界，好画成风，有不足怪，虽然好画龙而真龙入濂洛邈矣。武夷荒矣。今七幅绘□，犹□人山仰，山仰不足，或能其不能画者，则画亦为助也。是既第一名画第一名贤之诗意，又得今之第一名书书其诗，是宜作第一名，帖韩甥宝是帖，其将讲第一□□□，不知此世，能好其不能画者谁也。韩甥其（……）丙寅夏无臭翁。稚圭。①

---

① 脱草、翻译：金蔡植先生。

图 5-22　郑敾,《濂溪爱莲》,《七先生诗画册》,绸缎彩色,32.3cm×21.3cm,三星美术馆 Leeum

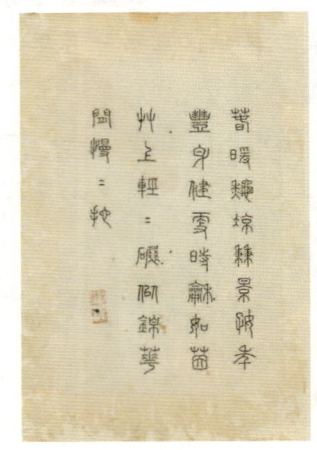

图 5-23　郑敾,《康节小车》,《七先生诗画册》,绸缎彩色,32.3cm×21.3cm,三星美术馆 Leeum

192　孔子纪行

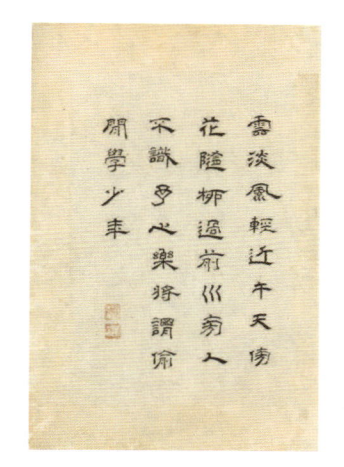

图 5-24　郑敾，《明道春日》，《七先生诗画册》，绸缎彩色，32.3cm×21.3cm，三星美术馆 Leeum

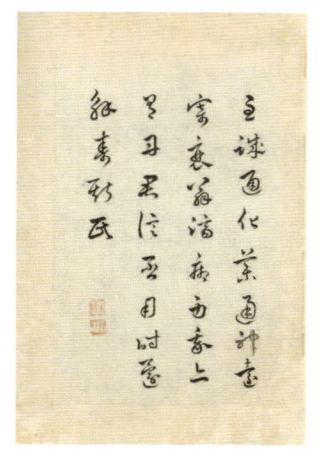

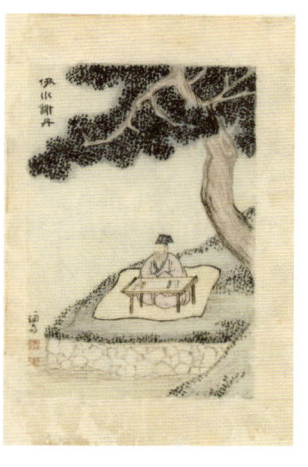

图 5-25　郑敾，《伊川谢丹》，《七先生诗画册》，绸缎彩色，32.3cm×21.3cm，三星美术馆 Leeum

儒家学者，追随孔子的思想与事迹

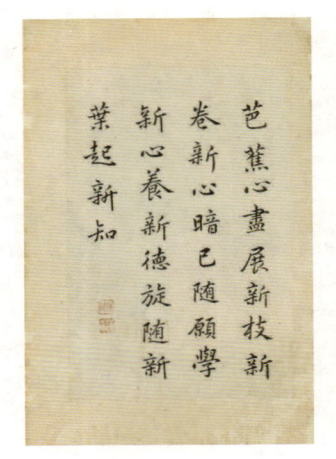

图 5-26　郑敾,《横渠咏蕉》,《七先生诗画册》,绸缎彩色,32.3cm×21.3cm,三星美术馆 Leeum

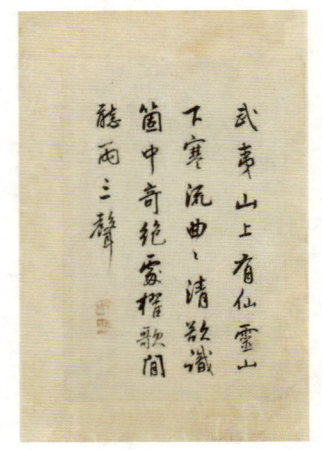

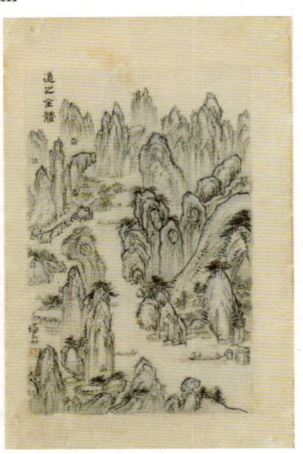

图 5-27　郑敾,《道之全体》,《七先生诗画册》,绸缎彩色,32.3cm×21.3cm,三星美术馆 Leeum

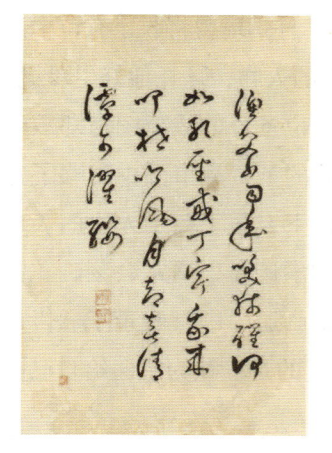

图 5-28　郑敾,《陶山退溪》,《七先生诗画册》, 绸缎彩色, 32.3cm×21.3cm, 三星美术馆 Leeum

序文末尾出现的"无臭翁"和用白文方印（印文阴刻成凹状, 文字以外的部分为红色, 字体部分不蘸有印泥, 因此钤盖出来后为红底白字）。钤盖出来的"稚""圭"二字分别为郑敾挚友朴师海（1711—1778）之父朴弼琦（1677—1757）的号和字。郑敾与朴师海的情谊可以追溯至朴师海1756年书写的《咸兴本宫松图记》一文。朴师海在这篇文章中写到, 太祖在咸兴本宫亲手种植有三棵松树, 虽然郑敾从未亲眼见过这三棵松树, 但是在告知他松树的样态之后, 他的绘画作品与实物几乎完全一致。[1] 朴弼琦曾将收录有诗书画的名帖交付给一个名叫"韩生"的人物,拜托他好生珍藏。[2]

这部诗画册中所表现的五位圣贤的故事图与郑敾的其他作品有所不同。首先,郑敾的圣贤故事图中省略了主山的背景,将人物形象设置于树下,属于树下人物的表现形式。其次,郑敾在表现程颐的事迹时,通常会刻画"涪江风涛"的场景,但是在这部诗画册中则是收录了"伊川谢丹"的故事。"伊川谢丹"描述的是程颐为感谢给自己配药的王佺期,提笔书写感谢信的情景。[3]

宋朝五贤的这种组合形式在金昌协弟子鱼有凤的作品《屏画十赞》中也有所体现。《屏画十赞》共由"杏坛弦诵"、"陋巷箪瓢"、"传授一贯"(传授知识,自成一家)、"撰述中庸"(撰写中庸)、"三宿出昼"(孟子逗留三日后离开齐国)、"濂溪爱莲"、"百源整襟"、"傍花随柳"、"涪陵遇樵"(在涪陵偶遇樵夫)、"九曲棹

---

[1] 朴师海,《苍岩集》9,《咸兴本宫松图记》;安辉濬,《该如何保存回归的文化遗产——以倭馆修道院收藏的〈谦斋郑敾画册〉为中心》,《回归倭馆修道院的谦斋郑敾画册》,国外所在文化财财团,2013,68—69页。

[2] 丁瞏淑推断名为韩生的人物是妹妹之子韩光启(1709—?)。丁瞏淑,《谦斋郑敾(1676—1759)的〈七先生诗画册〉研究》,《人文科学研究论丛》37,明知大学人文科学研究所,2016,366—367页。

[3] 程颐,《二程全书》43,《谢王佺期寄药》,"至诚通圣药通神,远寄衰翁济病身。我亦有丹君信否,用时还解寿斯民"。

歌"（在九曲吟唱棹歌）这十部分组成。儒学的学术体系以孔子为嚆矢，经由颜回、曾点、子思、孟子、周敦颐、邵雍、程颐、司马光、朱子等人不断传承。①

鱼有凤所欣赏的十幅屏风中有关孔子的事迹是之前所提及的颜回抚琴、曾点弹瑟的"回琴点瑟"场景。这幅屏风的内容中没有涉及政治上的统治者，即一国之君的传统体系，只选取了对朱子学问产生过影响的性理学家的事迹，归根到底这是阐述学统的装帖画册。并且，收录到其中的孔子及其弟子、孟子、宋代五贤皆为道统的传承者，同时也都是郑敾圣贤故事图中所出现过的人物。尤其是《屏画十赞》的诗句中明确揭示有自然景观与具体人物，而且大量使用暗示画中人物动态及外貌的诗句，极易让人联想起郑敾的其他绘画作品。②鱼有凤的岳母娘家为安东金氏家族，其师长为金昌协，从这两点推测，并不能完全排除《屏画十赞》的作者为郑敾的可能性。

朝鲜后期文人俞汉隽（1732—1811）为金季明所创作的《宋六先生六事画屏赞》也属于同种类型的作品。"濂

---

① 鱼有凤，《杞园集》22，《屏画十赞》。
② 鱼有凤在描写"傍花随柳"时，引用了程颢在《春日偶成》中所使用的"午天""花""柳"等词汇，这些诗语出现在郑敾的绘画作品当中。另外，"涪陵遇樵"中使用的"惊舟""人如山坐""樵"等也同样出现在郑敾的《涪江》一图中。

溪爱莲""明道访花随柳""伊川涪江风浪""康节百源整襟""涑水乐园闲居""朱子衡岳赏雪"六个画题揭示出这是一幅故事逸闻的视觉化作品,呈现出宋朝六贤寄居于大自然的日常生活与文雅风流。[1]其中值得特别关注的一点是,俞汉隽的"宋六先生"这个称谓。这个称谓与尹斗绪在《五圣图》圣贤像上所誊写的"殷太师箕子""周蒙宰周公""鲁司寇大成至圣文宣王""鲁复圣公""宋太师徽国文公"的名称截然不同。

另外,"我观六画,六先生迹,不由其迹,孰究其乐,融而会之,天趣自得"的评论与申元禄所作的"作座右小屏,时一开屏,令人肃然,有所祗敬顾"评论也有所不同。[2]申元禄赋予了故事人物画从祀的功能,但是余汉隽的作品则反映出皈依自然、享受和乐的愿望,即俞汉隽表明的是以既不放弃儒家生活方式,同时又积极接纳老庄自然观的态度去欣赏作品。[3]

---

[1] 赵仁秀,《郑敾的〈谦斋画〉画册中以故事人物为主题的绘画》,《丹豪文化研究》13,龙仁大学传统文化研究所,2010,127页。

[2] 俞汉隽,《自著》19,《宋六先生六事。屏赞为永嘉金季明作》,"作座右小屏,时一开屏,令人肃然,有所祗敬顾";申元禄,《悔堂集》1,《用先祖文康公画屏命题家藏八帖屏八绝》,参考秦弘燮编,《韩国美术史资料集成》4,一志社,1995,509页。

[3] 朴京男,《俞汉隽的道文分理论与散文世界》,首尔大学韩国文学专业博士学位论文,2009,194—198页。

# 朱子图——嫡统的人物形象

如前所言，将北宋六贤组合到一起，并使用"道统"这个称谓的人物是宋朝的朱子。朱子，名熹，字元晦、仲晦，号晦庵、晦翁、云谷老人、沧州病叟、遯翁。朱熹生于福建尤溪，其父韦斋朱松，其母为祝氏，朱子为家中三子。朱子祖上为安徽省的豪门大户，之后由于其父朱松与当时宰相秦桧产生矛盾，罢官回家，隐居于尤溪。朱松在朱子十四岁时过世。

朱松一直期盼儿子能够专心学习佛教和老子学问。然而朱熹在十九岁考取进士之后，受学于延平先生李侗。李侗是一位将周敦颐和二程（程颢、程颐）的学术体系加以传承的学者。朱熹在李侗门下为重新解析孔子、孟子、二程思想，创建全新儒教体系奠定了坚实的基础。虽然朱子为世人留下了丰硕的学术成果，却受到了官僚阶层的排挤。

晚年的朱子被诬陷为"弃人"（伪学魁首）。朱子的仕途也不甚顺利，崎岖坎坷。自他十九岁进士及第直至过世，朱子出任官职的时间不过短短的九年而已。因此他只好去往武夷山讲学。由于受到韩侂胄的中伤陷害，晚年朱熹的著述和公开活动受到巨大的阻碍。朱子直到去世也未能恢复自己的政治声誉。在他去世之后他的功绩才被世人重新评价。宋宁宗（赵扩，1168—1224）于1209年下诏赐朱熹谥号为"文公"，宋理宗年间1230年升级为"太师"，之后又被追封为"信国公"，后改封"徽国公"，并享祀孔子庙。

朱子的肖像在他生前就已经开始被世人刻画。[1] 元朝时期朱子学被确定为国学之后，朱子崇拜逐步走上正轨。随着徽州和建安等地修建祠堂和书院，朱子肖像开始被大量制作。朱子肖像除了被用作祠堂或书院中陈设祭享之外，还被广泛收录于朱子书籍、圣贤图像册、武夷九曲图当中，供人鉴赏。

朝鲜文人视朱子学问为精神支柱，因此将朱子学问全盘接受下来，并且一直致力于朱子画像的创作。朝鲜文人笔下的朱熹或是身着鹤氅衣、头戴方巾，双手整齐收拢、面对书案的慈祥儒者的全身坐像；又或是深衣、方巾、黑

---

[1] 有关朱子肖像及朱子其他图片的全面研究参考朴正爱，《朝鲜时代朱子崇慕热以及朱子的视觉化形象》，《大东文化研究》93，成均馆大学大东文化研究院，2016，199—239页。

履装扮，与孔子类似的全身站像；又或是坐于椅上的全身交椅坐像。朝鲜文人通过各种形式的画像来传达对朱子的崇拜之情。

以朱子学术及他学者生涯为题材衍生出形式多样的视觉化作品。其中最具代表性的是武夷九曲图。[①] 五十四岁的朱子在中国福建省武夷山九曲溪畔创建武夷精舍，创作《武夷棹歌》来歌颂武夷九曲的优美景致。朝鲜16世纪的性理学家李滉和李珥（1536—1584）十分尊崇朱子学说，因此那些崇拜李滉和李珥的朝鲜文人也都积极地效仿朱子去经营书院和创作九曲歌。他们认为当务之急是找寻如同武夷九曲一般的隐居之处，于是纷纷前往景色秀丽之处修建精舍。如此一来，类似于武夷九曲图的高山九曲图、陶山图等山水图形式的圣贤游迹图和名胜古迹图在朝鲜大肆盛行开来。[②]

描绘朱子一生的绘画作品还被用作宫中御览。奉英祖之命制作的《漳州茅庵图》（图5-29）刻画的是朱子在福建省漳州担任官职时所居住过的理想化的后院的场景。这

---

[①] 有关九曲图所表现出来的道统意识的相关研究参考赵奎熙，《朝鲜儒学的"道统"意识和九曲图》，《历史与警戒》61，釜山庆南史学会，2006，1—24页。

[②] 陶山图兼有圣贤遗迹图和名胜古迹图的双重性质，有关陶山图的研究参考刘载彬，《陶山图研究》，《美术史学研究》250—251，韩国美术史学会，2006，199—207页。

图 5-29　作者不详,《漳州茅庵图》,1746,纸质彩色,112cm×63cm,三星美术馆 Leeum

幅图就属于宫中御览用的图画,其意图是为了强化朱子的政治立场。英祖在欣赏这幅图画时曾经吟作了一首诗:

> 昔年已见朱书里,
> 今日命图一片中。
> 予意恒时此等处,
> 依然若坐贤游洞。[1]

另外,朱子的事迹时常与北宋六贤相提并论。北宋六贤是连接孔子与朱子的桥梁,是朱子学术本质的另一种体现。宋朝的圣贤故事图呈现出朱子多样化的面貌。尤其是郑敾在圣贤故事册的最后部分多以朱子逸事作为装饰。圣贤故事册本身就是一种朱子及其学术体系的表现形式。

郑敾刻画朱子学统的另一幅作品是《聚星图》(图5-30)。1675年金寿增(1624—1701)与宋时烈共同提议创作了一幅《聚星图》画轴,郑敾的《聚星图》就是在18世纪中期临摹的前人的这幅画轴。郑敾在《聚星图》上端抄写有朱子为《聚星图》所撰写的赞文"聚星亭画屏赞并

---

[1] 李敏善,《英祖的君主意识与〈漳州茆菴图〉——关于宫中绘画的政治性质》,首尔大学考古美术史学专业硕士学位论文,2012,5页。

图 5-30 郑敾,《聚星图》,绢缎彩色,145.8cm×61.5cm,个人收藏(崔完秀,《谦斋郑敾》3,炫岩社,2009,图版 157)

图 5-31　郑敾，《溪上静居图》，《退尤李先生真迹帖》，1746，纸质水墨，25.3cm×39.8cm，个人收藏（国立中央博物馆编，《谦斋郑敾：用毛笔展开的天地融合》，2009，图 99）

图 5-32　郑敾，《舞凤山中图》《枫溪遗宅图》，《退尤李先生真迹帖》，1746，纸质水墨，30.2cm×21.5cm，个人收藏（国立中央博物馆编，《谦斋郑敾：用毛笔展开的天地融合》，2009，图 40-41）

书",朱子、张栻、黄干的评论,宋时烈的跋文。[①] 由此可见,郑敾的《聚星图》反映出自宋时烈、金寿增开始,一直延续至18世纪的朱子学术和朝鲜性理学的体系。

李滉、宋时烈的文章与郑敾的绘画相结合的书画册《退尤李先生真迹帖》也属于同种类型的作品。郑敾的外祖父朴自振(1625—1694)从其岳父手中继承了一幅李滉的亲笔作品《朱子书节要序》,朴自振向宋时烈展现这幅作品时,拜托对方书写一篇跋文。自此,李滉与宋时烈的文笔在郑敾家中世世代代传承了下来。郑敾为了保留这段来历,特意创作了由四幅图画组成的《退尤李先生真迹帖》。这四幅图分别是李滉创作《朱子书节要序》的《溪上静居图》(图5-31),朴自振拜访宋时烈接受对方所书写跋文的《舞凤山中图》、描绘朴自振宅邸的《枫溪遗宅图》(图5-32),刻画郑敾自宅的《仁谷精舍图》(图5-33)。郑敾为了表达出对圣人的尊敬和对本家族的自豪感,将仁谷幽居的处所改名为"仁谷精舍",意为"教授学问、修养精神的仁王山溪谷"。换言之,郑敾是出于传达学问正统性、展现自家传

---

[①] 郑敾的《聚星图》是一幅迎合当时政治、社会文化环境氛围,能够给予人们教育意义的作品。该观点参考赵奎熙的《1746的绘画:"以时代目光"所审视的〈漳州茅庵图〉和奎章阁收藏的〈关东十景图册〉》,《美术史与视觉文化》6,美术史与视觉文化学会,2007。

图 5-33 郑敾,《仁谷精舍图》,《退尤李先生真迹帖》, 1746, 纸质水墨, 32.3cm×22cm, 个人收藏(国立中央博物馆编,《谦斋郑敾: 用毛笔展开的天地融合》, 2009, 图 43)

承学术优秀性的目的，才刻意将"家"选为画幅的场景。①

郑敾创作的宋朝圣贤故事册刻画了帮助朱子传承发展孔子学术的师长们。无论是《聚星图》还是《退尤李先生真迹帖》，都是传承至朝鲜的朱子学术学脉图。最终，朱子成为三部作品的共同构成因素。郑敾以多样化的绘画形式将成就朱子学术的孔子及其他师长，还有追随朱子的朝鲜的弟子们一一表现出来，并且认定"朱子为嫡统"。但有一点不同之处在于，在宋朝圣贤故事册中朱子出现在结尾部分，《聚星图》和《退尤李先生真迹帖》中的朱子却是位于开头部分。

然而，郑敾每幅图画的表现形式皆不相同。圣贤故事册反映的是人物独特的行为举止和娴静美好的自然景观，而《聚星图》和《退尤李先生真迹帖》在刻画人物形象的同时，还突出描画出居住地的情景。如果说前者包含有对所尊敬师长浪漫生活的无限憧憬，那后者体现的则是与政治家雄心壮志一脉相承的学术宗旨和家族地位。由此可以看出朝鲜的文人志士具备两面性，即一方面憧憬远离世事、寄居自然的隐士生活，另一方面又心怀极力占据世俗力量顶点的权欲野心。

---

① 《退尤李先生真迹帖》体现出郑敾的家族发展史，同时还是一幅体现其家族特性的私家图。该观点参考赵奎熙，《朝鲜时代别墅图研究》，首尔大学考古美术史专业博士学位论文，2006，270—290页。

朝鲜的绘画作品中朱子多以儒学传承者或倡导儒教统治理念政治家的形象示人。朱子的前人学者，即传承宋朝六贤学术体系的性理学家也经常被收录进朝鲜的绘画作品中。但是继郑敾之后，相较之画册的形式，圣贤故事多以单独作品的形式出现。金弘道创作有大量的圣贤故事图，但是他并没有刻意地只选取宋朝六贤。金弘道晚年时期创作的八帖屏风作品《中国故事画》中刻画有朱子、陶渊明、王羲之（303—361）、严光、谢安（320—385）、林逋（967—1028）和邵雍。其中介绍邵雍的图画为《花外小车》(图 5-34)，介绍朱子的图画为《武夷归棹》(图 5-35)。金弘道没有选取圣贤的遗迹，而是将圣贤在自然中所经历的日常活动融入画幅之中，这一点与郑敾颇为类似。另外，与山水背景相比，人物的比例偏小，接近于点景的设置，多采用淡墨、淡笔、淡彩的手法来描绘景物。同时如同刻画通常的山水画一般，不局限于某个特定区域。金弘道这些表现手法也与郑敾有所类似。

金弘道与郑敾还有一点不同在于，郑敾采用的是画册的形式，而金弘道则是将故事人物画排列于屏风之上，让欣赏者能够一目了然地欣赏。若将屏风舒展开来，每幅画面的山水背景相互衔接，仿佛一幅全景山水画的自然景观与人物的故事相互交融在一起。金弘道的六贤故事图还十

图 5-34　金弘道，《花外小车》，《中国故事画》，纸质水墨淡彩，111.9cm×52.6cm，涧松美术文化财团

图 5-35　金弘道，《武夷归棹》，《中国故事画》，纸质水墨淡彩，111.9cm×52.6cm，涧松美术文化财团

分重视季节感与故事感，会采用与其他故事相搭配的形式。比如，邵雍的《花外小车》这幅图中就一并刻画有陶渊明的"东篱采菊"，从而共同体现出春秋两季的浪漫之感。在金弘道心目当中，宋朝圣贤与陶渊明、林逋一样，只不过是无数故事人物画主人公中的一员而已。

另外，金弘道创作的《西园雅集图》（图5-36），反映出宋朝文人代表性的田园聚会。与圣贤故事图一样，这幅作品也是一幅描绘北宋时期文人志士的故事人物画。圣贤故事图与《西园雅集图》最大的不同之处在于画面上的人物构成。郑敾是将宋朝圣贤用独立的画幅来体现，而金弘道则是将十几位文人共同呈现于同一幅画面之中。六贤故事图强调的是个人的故事，而《西园雅集图》则将重点放置于圣贤聚会——雅会之上。金弘道将圣贤们聚集在西园举行雅会的情景刻画到了屏风和扇面之上，而郑敾不仅没有创作过西园雅集图，甚至连这次聚会的成员也没有刻画过。

18世纪后期的朝鲜，圣贤故事册走向瓦解的同时，《西园雅集图》则不断盛行。这种结果或许是画家个人取向的一种变化，但另一方面也深刻地显示出朝鲜社会对朱子学术体系和伦理道德认知的一种变动。该时期的文学领域也出现了否定程朱学为根基的"道文一致"倾向，即否定程朱学的绝对性和普遍性，希望追求立足各自道学体系的文

图 5-36　金弘道,《西园雅集图》,屏风,1778,绸缎彩色,122.7cm×287.4cm（德寿 4057）

学和人生。朝鲜后期大量涌现的小品文和自传性散文可谓是该时期文学变革的产物。① 对朱子认知的变化，在故事

---

① 朴京男,《俞汉隽的道文分理论与散文世界》,首尔大学韩国文学专业博士学位论文,2009,35—52页。

人物画的多样性造型语言中和大量出现的绘画题目中都有所体现。

# 6 东渡日本的儒学

· 儒学树立与圣堂设立
· 孔子圣贤像与释奠图制作

# 儒学树立与圣堂设立

相传百济国近肖古王时期一位名叫王仁的学者携带《论语》和《千字文》，跨过玄海滩，将儒教经典带至日本，自此儒学东渡，传播到了日本。日本按照遣唐使引进的唐朝制度举行释奠大典。《续日本纪》中收录有大宝元年（701）二月举行释奠大典的记录。之后在日本不同地区举行的释奠大典多少有所差异。京都释奠大典的举行地为实施律令的大学寮庙堂，而地方上释奠大典的举行地为国学。早期的释奠大典中仪式或器皿都不是提前准备好的。之后吉备真备从唐朝带回了弘文馆画像，并命百济画师临摹此画像。被放置于大学寮的这幅画像被称作"唐本"，成为日本孔子肖像画的规范标准。[①]

---

① 杉原拓哉，《关于狩野山雪笔历圣大儒像》，《美术史研究》30，早稻田大学美术史学会，1992，94—95 页。

从平安时代初期开始孔子庙逐步走向体系化。根据10世纪所编撰的律令细则《延喜式》的相关规定，当时的大学寮中一共陈设有十一名人物画像，分别是孔子（先圣文宣王）和颜子（先师），以及另外九位哲学家。[①]1153年大学寮中不仅陈设有"先圣先师九哲唐本"，另又重新追加了七十二弟子的画像。平安时代末期，在中日交流过程中，禅僧从中国引进了儒学书籍，一时间日本形成了一种争相学习儒学的氛围。但是从平安时代后期开始，伴随着贵族世袭制度的不断延续，大学寮的存在已经开始变得有名无实。释奠大典转变成为一项正式活动，但是其命脉和根基只延续到15世纪。在日本只有极少数的知识分子阶层接受了儒学的学术体系。

日本儒学于战国时代末期迎来重生。儒学家藤原惺窝（1561—1619）从滞留在日本的朝鲜官吏姜沆（1567—1618）那里学习到了释奠大典的仪式，从而点燃了儒学复兴的星星之火。自江户时代开始，儒学得到了快速的普及。尤其值得一提的是，该时期入门学习儒学的新晋势力竟然

---

[①] 《延喜式》是在905年依据醍醐天皇之命，由藤原时平开始编撰、最终由藤原忠平完稿，并于967年开始施行的律令细则。《延喜式》第20卷中记载有实施律令制的机关——大学寮中陈设画像的相关内容："释奠十一座，二座——先圣文宣王、先师颜子，从祀九座——闵子骞、冉伯牛、仲弓、冉有、季路、宰我、子贡、子游、子夏。"

是持刀的日本武士。战国时代的武士们总是驰骋疆场,战争结束之后武士们在德川幕府领悟到了学问的重要性。武士们利用二百多年没有战争的和平时光去学校学习儒学。他们还与其他阶层的知识分子积极交流,并逐步对政治产生兴趣。于是所谓的"持刀士大夫""读书武士"开始登上历史舞台。[1] 在日本,具备远见卓识的学者开始逐渐涌现,儒学慢慢渗入民间社会。

该时期最大的变化是引进了"学问吟味"制度。所谓学问吟味,如同科举制度一般,是指通过考试来选拔人才的制度。与中国、朝鲜、越南不同的是,日本国内之前从未实施过科举制度,但竟然出现了专门评价武士朱子学学术水平的考试。[2] 由此,武士逐步向士大夫转型。

德川幕府积极鼓励朱子学的传播。在德川幕府的支持下,消失于平安时代的孔子庙制度得以恢复。江户时代与设立孔子庙有着直接关系的、最具代表性的人物当数尾张藩首任藩主德川义直(?—1650)。德川义直自幼年时期就喜好学问,成为藩主之后一直致力于推广儒教政策。他在名古屋城内修建了江户时代最早的一座孔子庙,并举行

---

[1] 朴勋,《儒学的扩散与"士大夫政治文化"的形成》,《明治维新如何成为可能》,民音社,2014,133—135页。

[2] 朴勋,《儒学的扩散与"士大夫政治文化"的形成》,《明治维新如何成为可能》,民音社,2014,151页。

了释奠大典。为日本儒学的传播做出巨大贡献的林罗山（1583—1657）曾于1629年来此处访学。

　　林罗山出生于京都，幼年时期入建仁寺为僧，学习学问。身为僧侣的林罗山逐渐倾向于儒学，沉迷于朱子学的学习，二十二岁时成为藤原惺窝的门下弟子。藤原惺窝本为僧侣，后来接触到退溪学，成为日本朱子学的鼻祖。

　　林罗山于1605年访问二条城，拜见了江户幕府的首任将军德川家康（1543—1616）。林罗山获得了德川家康的信任，建议成立培养儒学人才的学问所。但是之后由于种种缘由，学问所的成立最终不了了之。二十余年之后的1630年，江户的第三代将军德川家光（1604—1651）赐予林罗山一块忍冈（现在的上野恩赐公园）的土地，让他成立学问所。自此学习朱子学的林罗山拥有了自己的私塾和书斋，但是此处没有能够成为举行释奠大典的孔子庙。对此，1632年在德川家光的叔父、尾张藩首任将军德川义直的帮助下，终于修建了一座中国式的孔子庙。德川义直将这座孔子庙命名为先圣殿，又名忍冈圣堂。忍冈圣堂竣工后的第二年2月重新恢复释奠大典。林罗山一直追崇朱子学的正统性，忍冈圣堂这座孔子庙便体现出他的这种学术志向。

　　1690年江户幕府宣布建立一座全新的圣堂。翌年7月

第五代将军德川纲吉（1646—1709）决定在汤岛选址，建造幕府圣堂，并将该地命名为"昌平"。汤岛圣堂完工之后，德川纲吉将此处孔子庙的名称定为大圣殿，亲自书写匾额题字，并为孔子肖像画题字。林罗山的学问所也移居至此。汤岛圣堂的大圣殿较之忍冈圣堂，规模更为宏大。

在汤岛圣堂大圣殿举行的最早的释奠大典中，德川家康等众多著名人士参加，是幕府的一项正式仪式活动。之后的释奠大典扩散至全国的藩校和教育机关。汤岛圣堂历经多次火灾，其规模也随之不断缩小。1797年幕府开始实施学制改革，1798年重新改组为学问所。这样做是出于幕府的决定，与仪式相比，幕府试图全面树立学问体系。最终孔子庙的地位不断降低，大圣殿降格成为学问所的附属。之后随着幕府直辖体系的建立，孔子庙的地位日渐式微。

# 孔子圣贤像与释奠图制作

接下来考察一下江户时代所制作的孔子画像和雕像。首先看一下德川义直在名古屋城内修建的孔子庙。这座孔子庙为八角平面的设计,内部安置有五圣(尧、舜、禹、周公、孔子)的镀金铜像和七十二弟子的画像。五圣镀金铜像从祀在中国也是十分罕见的现象,只有在北魏时期短暂实行过。其次,再看一下忍冈圣堂的设置。林罗山在忍冈圣堂中修建了先圣殿,内部摆放有孔子与四圣(晏子、曾子、子思、孟子)的木质雕像。① 根据《昌平志》第五卷中所收录的《殿上位列图》,孔子左右为四圣雕像配享,孔子旁边为宋朝六贤从享。② 忍冈圣堂的内部配置与之前所提

---

① 朴仲培,《日本近代孔子庙的设立与变迁之考查》,《教育史学研究》24—1,33—41页。
② 参考犬塚逊,《昌平志》5,《殿上列位图》文政1,1818,日本国会图书馆收藏本。

及的名古屋孔子庙有所不同。忍冈圣堂的五圣木质雕像一直到20世纪初期都被放置于汤岛圣堂，最终于1923年毁于关东大地震。

江户时代的狩野派画家创作了大量的孔子图和圣贤图。众所周知，狩野派家族是日本代表性御用画家集团，世代接受幕府的资助，留下了大量绘画作品。狩野派孔子画像的领军人物是狩野山雪（1590—1651）。德川义直曾委托狩野山雪绘制二十一位圣贤的肖像画，放置于忍冈圣堂先圣殿中。[①]德川义直选定的二十一位圣贤分别是伏羲、神农、黄帝、帝尧、帝舜、大禹、成汤、文王、武王、周公、孔子、晏子、曾子、子思、孟子、周敦颐、张载、程颐、程颢、邵雍、朱子。[②]狩野山雪以中国传入的版本为基础，完成了这二十一位圣贤的画像。除孔子之外，余下的二十位画像皆为立像。孔子像作为唯一的一幅坐像（图6-1），身着绘有十二章纹的冕服，头戴两端有尖锐凸起的司寇冠。如前所言，冕服为帝王服饰，司寇冠为官吏帽饰。另外，

---

① 犬塚逊，《昌平志》3，《礼器志》，"挂画二十一帧……并画员狩野山雪写，朝鲜通训大夫，金世濂赞书"。
② 有关二十一位圣贤肖像画的研究参考杉原拓哉论文：守屋正彦，《历圣大儒像探幽·有关尚信的新出屏风》，《艺术学系·附属图书馆共催特别展〈筑波大学附属图书馆所藏日本美术的名品：石山寺一切经，狩野探幽·有关尚信的新出屏风绘及历圣大儒像〉》，筑波大学附属图书馆，2000。

画中的孔子没有手持帝王的玉圭，而是手中持刀。这幅画的某些地方难免有些前后矛盾。

1636年朝鲜通信使副使金世濂（1593—1646）访问日本，林罗山拜托他完成所有肖像画的制撰部分。由狩野山雪绘画、金世濂书写制撰的这二十一幅肖像画体现出以孔子为中心所确立的王统与治统体系，同时也体现出朱子的嫡系地位。林罗山选取《中庸章句》第三十章中所收录的句子拜托金世濂书写撰文，于是金世濂在画幅的右侧位置写下了"孔子，祖述尧舜，宪章文武，上律天时，下袭水土"的字样。

狩野山雪的写实派肖像画对后代的狩野派画家产生了深远的影响。狩野探幽绘

图 6-1　狩野山雪，《孔子像》，1632，绸缎彩色，东京国立博物馆

制的五幅《圣贤图》（伊达家九章）和《孔子》《颜回》《曾子》画像很具有代表性。波士顿美术馆收藏有狩野探幽的作品，这幅作品用三幅画面呈现出孔子杏坛讲学的情景（图6-2）。中间画幅为孔子像，孔子脱掉鞋子，坐于杏坛之上。两位弟子整齐合拢双手，坐于地上。面部刻画的写实主义风格与狩野山雪的二十一圣贤肖像画类似。以粗重线条所表现的周边事物反映出狩野探幽卓越的绘画技巧。狩野探幽首先将孔子、曾子、颜回三个人物绘制到同一幅画面当中，然后再划分为三幅。之所以这样判断，是因为三幅画面上端延伸出来的杏树树枝和盛开的花朵是相互衔接的。

图6-2 狩野探幽，《孔子》《颜回》《曾子》，17世纪，绢缎水墨淡彩，104.3cm×74.4cm，波士顿美术馆

孔子画像中最为独特的一点在于孔子手中握有由白色羽毛制成的白羽扇。白羽扇是诸葛亮在与司马懿（179—

251）的渭水之战中指挥三军将士时所用之扇，诸葛亮的军队根据这把扇子的动作或进或退。本是诸葛亮之扇的白羽扇，却被狩野探幽用作了孔子的手持之物，这一点属于图像上的失误之处。狩野晴川院养信（1796—1846）的《孔子像》（图6-3）中也出现了手持白羽扇的孔子形象，并且该图中的孔子还头戴丝线制成的纶巾，纶巾也是诸葛亮喜好佩戴的帽子。画面上段记录有《东家杂记》的句子，由此可以判定画中的主人公是孔子无疑。但孔子的画像之中出现了诸葛亮的羽扇纶巾，这应该属于图像的混用。

江户时代的部分记录画作品中收录有在大学寮和大圣殿举行释奠大典的记载。该作品群名为释奠图，是一份非常宝贵的视觉化产物，记录有当时正式举行释奠大典的场所、参加人员、仪式顺序、陈设、位次等内容。现存的日本释奠图多为各个场面独立存在的长卷形式。[①] 下面考察一下收藏于日本国会图书馆的《释奠图》（图6-4）。该作品的创作时间为天明戊甲1788年。长卷的开篇为源保繁所绘制的《春秋之古图》，有关仪式的场面被刻画了两次，结尾处誊写有创作该作品的相关记录。

---

[①] 在所有圣迹图中唯一一幅不是以卷轴而是以挂轴形式呈现的作品为《汤岛圣堂释奠图》。有关江户时代所制作的释奠图的研究内容参考菜穗子横岛，《关于〈汤岛圣堂释奠图〉》，《日本美术研究》别册（特别），筑波大学日本美术史研究室，2005，67—84页。

图 6-3 狩野晴川院养信,《孔子像》,19 世纪初,纸质彩色,151.4cm×82.3cm,弗瑞尔美术馆

图 6-4 源保蘩,《释奠图》"配庙",1788,纸质彩色,高度 41cm,日本国会图书馆

228 孔子纪行

庙堂的室内场景当中，从正面可以俯瞰到孔子和颜回的画像。先圣文宣王孔子与先师颜回的画像并排位于南向，以他们为中心的左右两侧的墙面处有弯折的痕迹。孔子的左侧悬挂有闵子骞、冉伯牛、仲弓、冉有的肖像，右侧悬挂有子路、宰予、子贡、子由、子夏的肖像。

在这里值得注意的一点是，庙堂内部所呈现的孔子十哲的配置及人物构成与《延喜式》第20卷中所记录的大学寮的画像陈设完全一致。这意味着在庙堂内部陈设孔子十哲肖像画的传统一直被传承了下来。

如前所言，日本的儒学经由百济传播而来。10世纪前后释奠大典从唐朝传入日本，但是从平安时代后期开始逐步走向衰退，然后又于江户时代重新焕发生机。德川幕府重新修建了孔子庙，正式举行释奠大典。孔子庙内部所陈设的孔子及圣贤画像全权委托御用画师集团——狩野派来创作完成。狩野派画家参照当时引入日本的多幅画，创作完成了孔子与圣贤的画像，但是其中的部分画像出现了一些失误之处。江户时代不仅创作有作为祭祀对象的孔子与圣贤的画像和雕刻作品，还开始涌现记录释奠大典的释奠图。释奠图是详细记录释奠仪式、位置、祭祀空间场景的图画，由此可以见证从中国和韩国传入日本的儒学是如何在本土扎根形成的。

# 附录
## 历代追赠孔子封号图表

| 时间 | 称号 | 注释 |
|---|---|---|
| 汉元始元年（1） | 谥"褒成宣尼公" | "褒成"为国名，"宣尼"为谥号，"公"是爵位 |
| 北魏太和十六年（492） | 改封"文圣尼父" | "文圣"为尊号，"尼父"是对孔子（字仲尼）的敬称 |
| 北周静帝大象二年（580） | 进封"邹国公" | "邹"为国名，"公"是爵位 |
| 隋开皇元年（581） | 尊为"先师尼父" | 先师，已故去的前辈老师，这里专称孔子 |
| 唐贞观二年（628） | 尊为"先圣" | |
| 贞观十一年（637） | 尊为"宣父" | "宣"为谥号，"父"是美称 |
| 唐显庆二年（657） | 复尊为"先圣" | |
| 唐乾封元年（666） | 赠"太师" | 西周时置"太师"辅弼国君，为"三公"（太师、太傅、太保）之一。后多为重臣加衔以示恩宠，无实职 |
| 武周天授元年（690） | 封为"隆道公" | "隆道"是封号，"公"是爵位 |
| 唐开元二十七年（739） | 谥"文宣王" | "文宣"为谥号，"王"是爵位 |
| 宋大中祥符元年（1008） | 加封"玄圣文宣王" | "玄圣"指有大德而无爵位的圣人 |
| 宋大中祥符五年（1012） | 改称"至圣文宣王" | 司马迁在《史记》中尊称孔子为"至圣"。人以圣人为至，圣人以孔子为至 |
| 元大德十一年（1307） | 加封"大成至圣文宣王" | 大成，言孔子在思想道德方面的巨大成就 |
| 明嘉靖九年（1530） | 改称"至圣先师" | |
| 清顺治二年（1645） | 改称"大成至圣文宣先师" | |
| 清顺治十四年（1657） | 改称"至圣先师" | |

# 后 记

　　古今中外，对于那些令人尊敬钦佩的师长与圣贤，人们总是希望能够将他们一生的事迹记录成为美好的故事，并不断地传承下去。数千年以来，同属儒教文化圈的东亚各国的人们将孔子推崇为圣人。虽然在20世纪之后孔子及其思想曾经遭受过世人的批判，但是这并不影响孔子受到众多知识分子的喜爱和追崇。在他们心目中，孔子不仅是统率百姓的伟大政治家，还是一位能让人们反省人生的教育家。因此，孔子的事迹值得被珍藏和反复思考，同时也值得世人去效仿。孔子的事迹如同指南针一般，可以为世人波澜壮阔的一生指明正确的前进方向。

　　孔子出生于鲁国陬邑（现在的曲阜），成长于封建制度走向解体、战乱不断的混乱时期。二百余个诸侯国相互之间展开攻防拉锯战，最终统一为少数几个国家。该时期涌现出大批的思想家，因此该时期也被称为"百家争鸣"时期。这些思想家亲眼看见了混乱时期的政治与社会变动，提出了维系人与人之间和谐相处所必需的品德，以及维持国家和社会均衡与有序的方法。

孔子也是诸子百家中的一员，他默默地忍受战乱的岁月，不断地对人生进行探索和追求。然而在孔子生前，他的思想和行为并不是十分受人认可和欢迎。当时的诸侯各国皆想通过强大的武力来统一中国。因此在诸侯的心目中，总是固执己见、言之凿凿的孔子可谓是一个障碍物一般的存在。然而随着时局混乱的不断加剧，强调正义与道德的孔子思想开始逐步受到世人关注。尊敬孔子、追随孔子的政治家和学者也在随之不断增加。其弟子子贡曾经说过"夫子圣矣乎"，孔子却说"圣则吾不能。我学不厌而教不倦也"。弟子们对孔子自身所具备的谦逊品德、热衷学问的热情、珍惜点滴时间的细心等德行表现出极度的尊敬。

或许就是出于这样的缘故，《论语》无异于是一部孔子语录，记录了孔子的种种日常事迹。《论语》中几乎没有其他哲学家论著中那种精彩纷呈的系统化逻辑，也没有所谓的形而上学的论述。其中的主要内容是人与人之间的沟通对话、对行动和事件的描述。但即便如此，《论语》相较于其他作品，长久以来仍被人们所阅读，并带给人们深深的

感动。

　　后代的儒学家们细致深入地研究孔子的教诲，试图建立儒学的学问体系。尤其是西汉汉武帝时期的儒学家董仲舒将孔子教诲进行了体系化的构筑，上到王道统治的绝对理念，下至百姓所必须具备的忠孝品德。董仲舒提出了三纲五伦之说，将君臣父子之间的关系定义为一种社会秩序，并着重强调这不仅是为人之道的正当性，还是永远的真理。因此公元前134年董仲舒"罢黜百家，独尊儒术"的建议被接纳之后，儒学成为政治、思想、文化等各个领域的中心。孔子之教已经超越了儒学这一系统学问体系的界限。

　　在董仲舒的建议之下，孔子声威远扬，地位大幅提升，有关孔子的形象和相关事迹通过雕刻或绘画的形式得以传达。孔子的肖像画呈现出孔子圣君、圣贤、隐士等多样化的面貌。在孔子逐步步入圣人之列的过程中，孔子庙开始被修建，记录和追崇孔子的各种视觉化作品也开始被制作。众所周知，孔子庙是供奉儒教集大成者孔子和其他圣贤牌位，并举行祭祀的祠堂。孔子庙作为称颂孔子的地方，强有力地呈现出以孔子为中心的道统体系。这也正是孔子被制作成为圣贤肖像画和雕刻作品的原因所在。

　　伴随着各个时代政治伦理与社会制度的变革，孔子庙的建立和孔子的尊号一直在发生着改变。但孔子本身并不想成为领导者或者圣人,他只想被世人认作一名仁慈贤明的学者和师长。但是随着时代的更迭,统治者们为了达到强化政权和制度的目的,有时将孔子过于偶像化,有时又完全忽视。日往月来,时移世易,孔子肖像画要么被供奉于孔子庙之中,要么就是被完全忽略。

与孔子相关的故事人物画同时还以圣迹图的形式广泛流传开来。圣迹图是用图画形式刻画孔子的一生,因此它是在文字版孔子传记出现之后才开始被制作的。以系列形式表现孔子事迹的圣迹图较之孔子肖像和描述特定事件的单幅画面,出现的时机相对要晚。在此过程中所制成的孔子故事图成为鉴戒王室和士大夫的教本资料,同时还成为传承仁政与道学、治统与道统的儒学范本,孔子故事图因此得到广泛的流传。由此我们可以得知,某位特定人物事迹所具备的作用会依据制作者和鉴赏者的需求而有所分化。

不仅如此,孔子所尊敬的帝尧、帝舜,以及传承孔子学问的圣贤事迹也同孔子事迹一起出现在同一本画册当中,其中的每一个场景都仿佛山水人物画一般,将人物的日常和事迹融合至美好的自然背景当中。从朝鲜中期开始,儒家传统和学脉得以不断传承,出现了其他形式的道统之图。

尤其是曾经给朱子的学术体系带来深远影响的北宋六位学者和他们的事迹经常会被单独刻画。朱子所撰写的《六先生画像赞》被认为是六贤的典范。宋朝六贤的组合方式与1714年孔子庙从祀相关。之后的众多文人纷纷开始欣赏六贤事迹。

郑敾以绚丽山水为背景，通过山水人物画的形式创作出多幅刻画宋朝六贤事迹的绘画作品。郑敾所描绘的宋朝六贤可谓是道统体系的另一种呈现，即郑敾笔下的六贤不是严格意义上的领导者或统治者，而是寄居自然、追求世间风流和安贫乐道的处士，是新儒学集大成者——朱子的先师们。换言之，朱子是孔子庙从祀的对象，是"孔子的嫡统"。这种类型的视觉化作品充分体现出朝鲜文人所具备的双重自我，即一方面憧憬远离俗世、寄居自然的处士人生，另一方面又对世俗权力充满一定的欲望。这些作品还呈现出当代人对圣贤事迹的认知、官僚所附加的"力量力学"。通过圣贤故事册可以了解到朝鲜后期不断扩张的儒学体系，以及享有该体系的文化风潮。

综上所述，以孔子教诲为根基的儒教是支配东亚各国社会和文化的统治理念和价值规范。孔子教诲深深地融入百姓的日常生活，成为规范人们言行举止的思想根基。因此刻画孔子形象和事迹的作品也一并成为崇拜和鉴赏的对象，长久以来被世人所创作。孔子本身所具备的内在之美历经这般过程逐渐升华为艺术作品，从而被代代流传、名传千古。

# 谢　词

　　本书承蒙爱茉莉太平洋财团所主办"亚洲之美"（Asian Beauty）探索项目的支援得以出版。本人长期致力于韩国与其他东亚各国的绘画研究。从前几年来，我开始接触和学习故事人物画。在考察朝鲜时代故事人物画的过程中，我发现这些作品重点呈现的是重视学脉与道统的人物的事迹，其中的核心人物为孔子。过去我只对刻画孔子一生事迹的圣迹图有着一知半解，而故事人物画所表现出来的道统体系却令我眼前一亮，可谓是一种新颖的冲击。

　　因此我立志开始研习孔子，不仅是孔子本身，还包括与孔子相关的人物肖像画、圣迹图、故事人物画等，我在一一鉴赏这些作品的同时，深深地感受到追逐古时圣贤的脚步是一件多么令人惬意、充满幸福感的事情。圣贤们拥有强大的气场，利用智慧克服异于常人的苦难与逆境。圣贤们的特立独行和人生事迹带给我们许多的快乐和幽默。甚至有时候我会换位思考,"假设我是圣贤的话""倘若圣贤是现在的我的话"。

本书所探索的正是人类所珍藏的内在美,旨在探讨呈现孔子多样化形态的视觉化作品,全方位立体地去把握人物的美好人生。在撰写此书的过程中有关禅学的优秀研究成果为我指明了写作的方向。目前在美术史学界的孔子研究领域,最具权威、最有影响力的学者为孟久丽(Julia K. Murray)教授。孟教授几十年如一日,收集并分析与孔子相关的中国视觉化资料,奠定了孔子形象研究的坚定基石。孟教授站在美术史的立场,针对不同时代孔子图像的变迁和不同含义提出了多种解释。韩国国内的赵善美教授发表了多篇有关孔子圣迹图的颇有深度的研究论文。慎民楔先生缜密考察了朝鲜时代供奉于祭仪空间、用于祭礼和瞻拜的图像。美术评论家曹庭六分析了流通于朝鲜时代的孔子画像,并集中研究了有争议的画目和作品。

本书以禅学研究成果为基础,历经多项调查和研究取证,历时三年多得以问世。正如孔子所言,五十岁为知天命,而我已过知天命的年龄。细心观赏和认真揣摩古时圣贤的人生,看到了许多见所未见的内容,我也再一次领悟到了平凡的人生才是最宝贵的人生这一哲理。同时我也深

深地感悟到在这个习惯用数字来判定一切的世界上，依然存在有超越世俗财富和地位的价值。不论身处何种状况，保持一颗不轻易动摇的平常心是我们打开荒唐世事的一把钥匙。

该书在付梓过程中受到了多人的帮助。在此谨向洪善杓教授表示感谢，他为我指明了正确的学术之路。洪教授曾经说过："真正的学术始于耳顺之年，之前的研究过程不过是练习生的生活而已。"我心中一直铭记着老师的这番教诲。另外，我还要向张进圣教授表达谢意，为了本书的出版，他一直给予我真诚的建议。最后，我向在整个出版过程中严谨负责的爱茉莉太平洋财团和西海文集出版社表示感谢。

谢词末尾，我不禁想再次发问，人类的真正之美究竟是什么？真心期待每个人的美能够相互交融，共建和谐的美丽人间。

2019 年 8 月
宋憙暻

# 参考文献

杨伯峻.论语译注［M］.中华书局，2017.
杨伯峻.孟子译注［M］.中华书局，2010.
王肃.孔子家语［M］.上海古籍出版社，1990.
朱熹.诗经［M］.上海古籍出版社，2013.
司马迁.史记［M］.中华书局，2011.
朱熹.朱子全书［M］.上海古籍出版社，2002.
姜宽植.朝鲜后期宫中画员研究［M］.石枕出版社，2001.
金容宪.朝鲜性理学，知识权力的诞生［M］.PHRONESIS，2010.
朴恩顺.恭斋尹斗绪——朝鲜后期儒士绘画的先驱者［M］.石枕出版社，2010.
朴勋.明治维新如何成为可能［M］.民音社，2014.

李斗熙著，李忠求译.石芝蔡龙臣纪实（石江纪实）[M].国学资料院，2004.

国立全州博物馆编.石芝蔡龙臣——以笔现人[M].国立全州博物馆，2011.

东亚大学石堂博物馆编.记录画、人物画[M].东亚大学石堂博物馆，2016.

文物厅编.韩国的肖像画——照面历史中的人物[M].讷窝，2007.

成均馆大学博物馆.孔子圣迹图——从画中看孔子的一生[M].成均馆大学博物馆，2009.

翰林大学博物馆.越过山海关和玄海滩——韩中日知识分子的交游[M].翰林大学博物馆，2012.

中国美术全集编纂委员会，中国美术全集（19）[M].上海人民出版社，1988.

筑波大学附属图书馆.艺术学系·附属图书馆共催特别展《筑波大学附属图书馆所藏日本美术的名品：石山寺一切经，狩野探幽·有关尚信的新出屏风绘及历圣大儒像》[M].筑波大学附属图书馆，2000.

张彦远.历代名画记[M].上海人民美术出版社，1962.

黄休复.益州名画录[M].上海人民美术出版社，

1962.

　　国朝宝鉴.古典翻译院［DB］.

　　成宗实录.古典翻译院［DB］.

　　世宗实录.古典翻译院［DB］.

　　肃宗实录.古典翻译院［DB］.

　　定宗实录.古典翻译院［DB］.

　　太宗实录.古典翻译院［DB］.

　　徐居正，东文选.古典翻译院［DB］.

　　成倪.虚白堂集.古典翻译院［DB］.

　　李岬.燕行记事.古典翻译院［DB］.

　　李圭景.五洲衍文长笺散稿.古典翻译院［DB］.

　　李万敷.息山集.

　　李穑.牧隐诗稿.古典翻译院［DB］.

　　李睟光.芝峰类说.古典翻译院［DB］.

　　李承召.三滩集.古典翻译院［DB］.

　　李裕元.林下日记.古典翻译院［DB］.

　　李瀷.星湖全集.古典翻译院［DB］.

　　李荇.容斋集.古典翻译院［DB］.

　　李滉.退溪先生文集.

　　张维.溪谷集.古典翻译院［DB］.

　　张显光.旅轩先生文集.古典翻译院［DB］.

Lu Wensheng, Julia K. Murray.*Confucius*, *His Life and Legacy in Art*[M], China Institute Gallery, 2010.

Wu Hung. *The Art of the Yellow Springs : Understanding Chinese Tombs*.Honolulu : University of Hawaii, Press, 2010.

姜时定.朝鲜时代圣贤图研究[J].梨花女子大学美术史专业硕士学位论文,2006.

姜信爱.朝鲜时代武夷九曲图研究[J].高丽大学考古美术史专业硕士学位论文,2004.

高莲姬《书经》的形象化考察[J].温知论丛,2015(42).

金荣斗.朝鲜前期道统论的展开与孔子庙从祀[J].西江大学史学专业博士学位论文,2005.

金荣斗.孔子庙与孔子庙从祀[J].儒士文化,2011(10).

金永旭.刻画历代帝王故事的朝鲜后期王室鉴戒画[J].美术史学,2014(28).

朴美罗.孔子庙祭祀中的孔子位相问题[J].东洋古典研究,2013(53).

朴相南.朝鲜朝宫阙建筑的儒家美学研究:以景福宫为中心[J].成均馆大学儒学专业硕士学位论文,2009.

朴晟镇.由纬书看汉代的孔子观——以《春秋》著作

为中心［J］.中国文学研究，2009（39）.

朴正爱.朝鲜时代朱子崇慕热以及朱子的视觉化形象［J］.大东文化研究，2016（93）.

宋意暻.郑敾创作的程颢·程颐故事人物画［J］.东方学，2011（20）.

宋意暻.朝鲜后期邵雍故事图的类型和象征［J］.石堂论丛，2011（49）.

慎民樸.朝鲜时代孔子图像研究［J］.明知大学美术史学专业硕士学位论文，2016.

安辉濬.该如何保存回归的文化遗产——以倭馆修道院收藏的《谦斋郑敾画册》为中心［J］.回归倭馆修道院的谦斋郑敾画册，2013.

刘权钟.朝鲜时代易学图像的历史研究［J］.东洋哲学研究，2007（52）.

刘权钟.中国儒学的图说与意义［J］.中国画报，2006（53）.

刘美那.以中国诗文为主题的朝鲜后期书画合璧帖研究［J］.东国大学美术史学专业博士学位论文，2005.

刘美那.朝鲜时代对箕子的认知及箕子遗像［J］.讲座美术史，2015（44）.

刘载彬.陶山图研究［J］.美术史学研究，2006（250—

251）．

尹周弼．东亚文明圈的孔子形象与认知［J］．民族文化研究，2013（61）．

李敏善．英祖的君主意识与《漳州茅庵图》——关于宫中绘画的政治性质［J］．首尔大学考古美术史学专业硕士学位论文，2012．

李善玉．成宗的书画爱好［J］．朝鲜王室的美术文化，大圆社，2005．

李洙京．朝鲜时代孝子图研究［J］．首尔大学考古美术学专业硕士学位论文，2001．

李香晚．周公的文化改革与政治哲学［J］．东洋哲学研究，2005（41）．

张寅昔．华山馆李命基绘画研究［J］．明知大学美术史学专业硕士学位论文，2007．

张进圣．郑敾与酬应画［J］．美术史的树立与扩散，2006（1）．

张进圣．郑敾的绘画需求应对及作画方式［J］．东岳美术史学，2010（11）．

张铉根．圣人的再生与圣王暴君结构的形成［J］．政治思想研究，2011（17）．

丁暻淑．谦斋郑敾（1676—1759）的《七先生诗画帖》

研究［J］.人文科学研究论丛，2016（37）.

郑万朝.朝鲜时代朋党论的展开及其性质［J］.朝鲜后期党争的综合性探讨，1992.

赵奎熙.朝鲜时代别墅图研究［J］.首尔大学考古美术史学专业博士学位论文，2006.

赵奎熙.1746的绘画："以时代目光"所审视的《漳州茆菴图》和奎章阁收藏的《关东十景图册》［J］.美术史与视觉文化，2007（6）.

赵奎熙.朝鲜儒学的"道统"意识和九曲图［J］.历史与警戒，2006（61）.

赵善美.关于孔子圣迹图［J］.孔子圣迹图——从画中看孔子的一生，成均馆大学博物馆，2009.

赵仁秀.东亚大学石堂博物馆收藏的圣贤肖像一览［J］.记录画、人物画，东亚大学石堂博物馆，2016.

赵仁秀.郑敾的《谦斋画》画册中以故事人物为主题的绘画［J］.丹豪文化研究，2010（13）.

曹庭六.万世师表的表象《孔子行教像》的渊源及展开过程［J］.东岳美术史学，2016（19）.

曹庭六.绍修书院所藏《大成至圣文宣王殿坐图》之再考［J］.东岳美术史学，2016（20）.

陈俊贤.首尔大学博物馆所藏檀园金弘道的绘画与书

法［J］.首尔大学博物馆年谱，1991（3）.

车美爱.恭斋尹斗绪一家的绘画研究［J］.弘益大学美术史专业博士学位论文，2010.

崔尹喆.朝鲜时代行实图版画研究［J］.檀国大学史学专业博士学位论文，2010.

黄正渊.朝鲜时代宫中鉴赏画［J］.朝鲜宫阙绘画，石枕出版社，2012.

桥本草子《全相二十四孝诗选》与郭居敬——二十四孝图研究笔记（其一）［J］.人文论丛，1995（43）.

杉原拓哉.关于狩野山雪笔历圣大儒像［J］.美术史研究，1992（30）.

石附启子.郑敾笔七先生诗画册［J］.国华，2014（1423）.

竹村则行.拓袭《圣迹全图》（康熙二十五年序刊本）的清末顾沅的《圣迹图》［J］.文学研究，2014（111）.

菜穗子横岛.关于《汤岛圣堂释奠图》［J］.日本美术研究，2005.

Julia K. Murray, "'Idols' in the Temple : Icons and the Cult of Confucius," *The Journal of Asian Studies*, Vol. 68, No. 2, May, 2009.

Anon, "Descendants and Portraits of Confucius in the early Southern Song,"《南宋艺术与文化》(*Dynastic Renaissance*: *Art and Culture of the Southern Song*), 国立故宫博物院, 2010.

Anon, "Illustrations of The Life of Confucius: Their Evolution, Function and Significance in Late Ming China," *Artibus Asiae* 57 nos 1-2, 1997.

Anon, "Portraits of Confucius: Icons and Iconoclasm," *Oriental Art*, Vol. 47, No. 3, 2001.